原来玩也能变聪明

梁剑丽　编著

延边大学出版社

图书在版编目（CIP）数据

原来玩儿也能变聪明 / 梁剑丽编著 .—延吉：延边大学出版社，2012. 4

ISBN 978-7-5634-4672-8

Ⅰ. ①原…　Ⅱ. ①梁…　Ⅲ. ①智力游戏　Ⅳ. ①G898. 2

中国版本图书馆 CIP 数据核字（2012）第 051664 号

原来玩儿也能变聪明

编　　著　梁剑丽
责　　编　崔　军
出版发行　延边大学出版社
社　　址　吉林省延吉市公园路 977 号　邮编：133002
电　　话　0433-2732435　传真：0433-2732434
网　　址　http://www.ydcbs.com
印　　刷　北京龙跃印务有限公司
开　　本　16K　710×960 毫米
印　　张　10 印张
字　　数　150 千字
版　　次　2012 年 4 月第 1 版
印　　次　2016 年 11 月第 2 次印刷
印　　数　1-3000 册
书　　号　ISBN 978-7-5634-4672-8
定　　价　39. 80 元

前 言

著名科学家霍金说过：有一个聪明的大脑，你就会比别人更接近成功。思维能力在人的成功的过程中起着举足轻重的作用，没有思维活动的参与，人类的任何发明创造都是根本不可能完成的。无论从事什么职业，处于什么岗位，拥有较高的智商、活跃的思维，都是你快速走向成功的有利资本。提高思维能力的方法有很多种，思维游戏无疑是其中最迅速、最有效的方法，好的思维游戏不但可以使游戏者更加聪明，而且可以使游戏者获得解题的快乐和满足，增强挑战难题的信心。

思维游戏大师，经过长期的观察实践，发现思维游戏能够在最短的时间内快速活跃人的大脑，思维游戏“可以让人在玩耍中不知不觉变得更聪明的神奇游戏”。其中有许多游戏还被各知名高校、著名跨国公司用于测试和训练学生、员工。

书中所选的思维游戏均最具代表性和典型性，内容丰富，难易有度，形式活泼。在游戏的过程中，你需要把握提示和问题之间的多种联系，从不同角度去分析思考，以期得到新的灵感和发现；需要仔细观察，大胆假设，由一个或几个已知的判断推出一个新的判断；需要具备高度概括的能力、敏锐的直觉和客观的判断，综合零散的思路快速而准确地得出答案。

这些游戏将全方位开发你的大脑，帮你快速掌握提高记忆力、观察力、分析力、判断力、想象力、创新力、逻辑力和思考力的有效方法，让你越玩越聪明，迅速迈向成功。

目 录

001 枪手作家

枪手作家鲍勃·维尔刚刚签了另一个合同，要在6个月内为一个出版商写5本书，这个出版商想找一个没有什么主见、只会照搬照抄、但是很有销售潜力的作家，而这正是鲍勃·维尔所擅长的。根据下面的信息，你能推论出每本书的出版时间、以哪位作者的名义出版以及这本书的类型吗？

线索

1. 鲍勃1月份以尤恩·邓肯的名义出版的那本书并不是历史小说。
2. 他的推理小说在2月份出版，而《船长》在4月份出版。
3. 那本科幻小说和其他此类型的书一样，或多或少受到了《指环王》的影响，该书比以蒂龙·斯瓦名义出版的那本书晚出版两个月。
4. 《白马》比以吉尼·法伯的名义出版的那本书早出版一个月。
5. 鲍勃以雷切尔·斯颇名义所写的《世代相传》有一个非常鲜艳的封面，就是品位低了点，而背面的那张作者的照片，实际上是鲍勃的妻子戴着黑色假发和墨镜伪装的。
6. 鲍勃在写那本恐怖小说时使用了布雷特·艾尔肯这个笔名，《主要的终曲》这本书的创意不是出版商想要的。

	《主要的终曲》	《世代相传》	《太阳花》	《船长》	《白马》	布雷特·艾尔肯	尤恩·邓肯	吉尼·法伯	雷切尔·斯颇	蒂龙·斯瓦	科幻小说	历史小说	艺术小说	恐怖小说	推理小说
1月份															
2月份															
4月份															
5月份															
6月份															
科幻小说															
历史小说															
艺术小说															
恐怖小说															
推理小说															
布雷特·艾尔肯															
尤恩·邓肯															
吉尼·法伯															
雷切尔·斯颇															
蒂龙·斯瓦															

002 马球比赛

我们城镇的朋友有些人比较懒惰，他们在很小的时候都会被强迫去打一场马球比赛。下面的图片展示了比赛中的5个成员。根据给出的信息，你能说出1到5号每位参赛者的名字、各自马匹的名字和颜色，以及每个懒汉在比赛中出现的状况吗（在大多数情况下都是不愉快的）？

线索

1.有一名选手喜欢打不激烈的、没有什么意外发生的比赛，他紧贴在蒙太奇·佛洛特的右边，在骑着闪电的选手的左边。这3名选手骑的都不是那匹白色的马。

2.图片中，有个懒汉在比赛的关键时刻把马球棒弄掉了，阿齐·福斯林汉在他的右边，但两个人不是紧邻的。

3.2号位置上的选手是鲁珀特·德·格雷。

4.在比赛中打了一个乌龙球的爱德华·田克雷在拥有黑色坐骑的选手的右边，那匹黑马叫马乔里。

5.3号选手的马叫汉德尔，这名选手在比赛中没有弄伤手腕。杰拉尔德·亨廷顿没有受伤。

6.那名骑着褐色马的选手并没有在比赛中从马上跌落下来，在图片中这匹褐色马紧邻在名叫亚历山大的那匹马的右边，但和那匹栗色马不挨着。

懒汉：阿齐·福斯林汉，爱德华·田克雷，杰拉尔德·亨廷顿，蒙太奇·佛洛特，鲁珀特·德·格雷

马：亚历山大，格兰仕，汉德尔，闪电，马乔里

颜色：褐色，黑色，栗色，灰色，白色

事件：弄伤手腕，掉了马球棒，享受比赛，从马上跌落，乌龙球

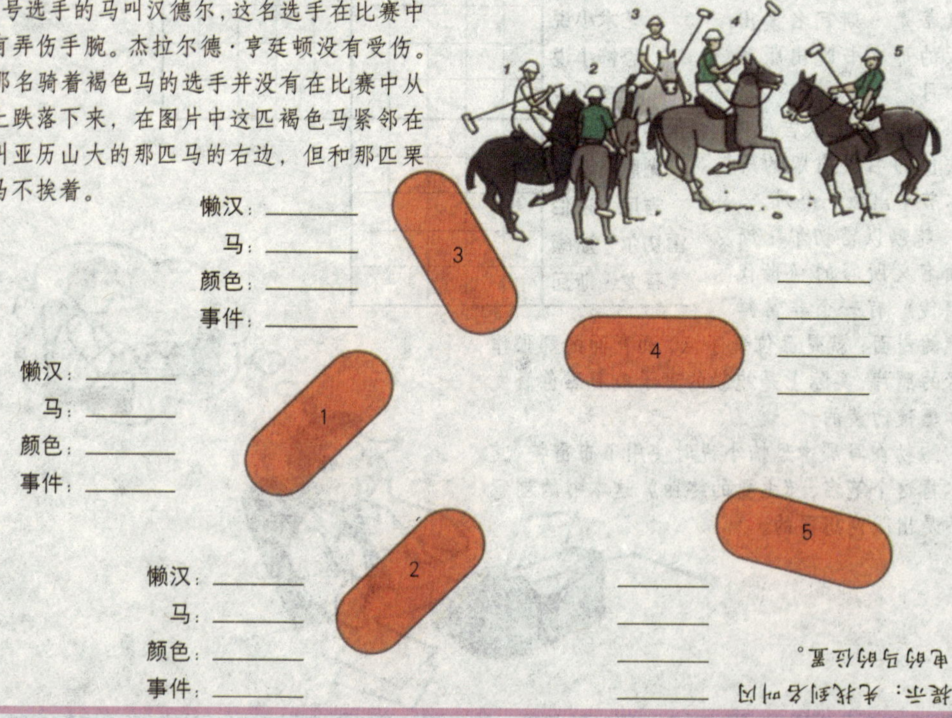

003 在国王桥上接客人

今天豪华轿车司机卡·艾弗将去伦敦的国王桥火车终点站3次，去接几个相当重要的乘客，并把他们带到卡莱尔旅馆。根据下面的信息，你能确定他每次去接客人的时间、站台、所接客人的名字以及他们都是来自哪里吗？

	4号	7号	9号	德拉蒙德夫人	古氏先生	斯坦尼夫人	剑桥	林肯	北安普敦
上午10:00									
中午12:30									
下午3:00									
剑桥									
林肯									
北安普敦									
德拉蒙德夫人									
古氏先生									
斯坦尼夫人									

线索

1.林肯方向驶来的火车的到站站台号比艾弗要接的斯坦尼夫人下车的站台号大。

2.德拉蒙德夫人所乘的火车将进入9号站台，艾弗上午10:00接站的站台号比下午3:00的小。

3.来自北安普敦的火车将进入4号站台，但要等到中午。

4.来自剑桥的乘客将在下午3:00到。

004 路径逻辑（三）

运用你的逻辑推理能力，推导出符合以下条件的一条路径：从“开始”一直到“结束”，这条路径可以沿水平也可以沿垂直方向。各行各列起始处的数字代表这行或这列所必须经过的格子数(见图例)。

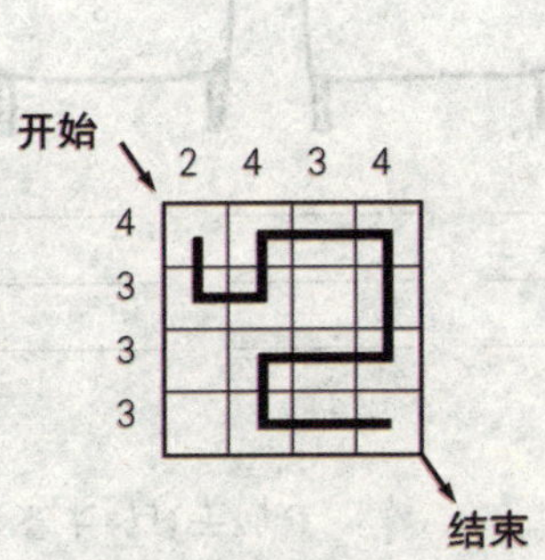

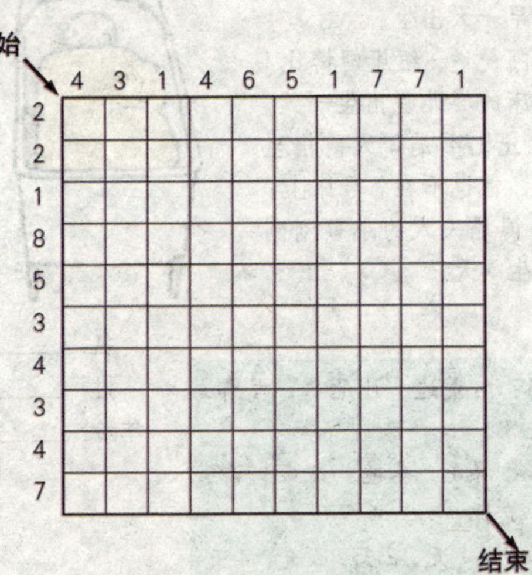

005 ABC（四）

填右边的表格，使得每行每列均包含字母A，B，C和两个空格。表格外的字母表示箭头所指方向的第1或者第2个出现的字母，如B1代表箭头所指方向出现的第1个字母为B，你能完成要求吗？

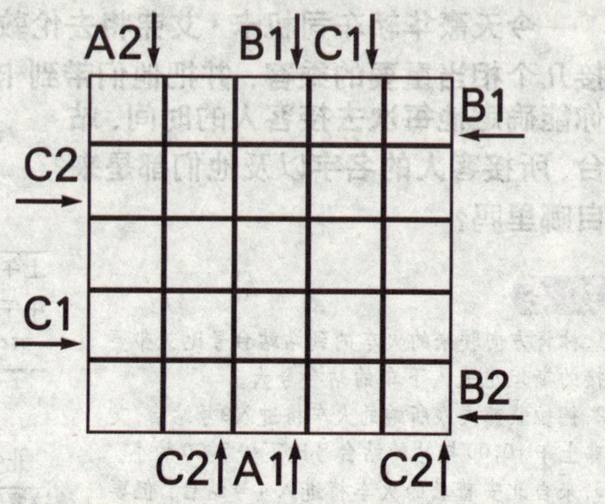

006 新生命

4个刚出生的婴儿躺在产科病房内相邻的几张帆布床上。根据下面的信息，你能辨认出每个新生命的姓名以及他们各自的年龄吗？

线索

1. 2号床上的丹尼尔比基德早一天出生。
2. 阿曼达·纽康姆博比1号床的婴儿晚出生一天。
3. 托比不是2天前出生的，他也不在3号床上。
4. 博尼夫人的小孩刚刚出生3天。

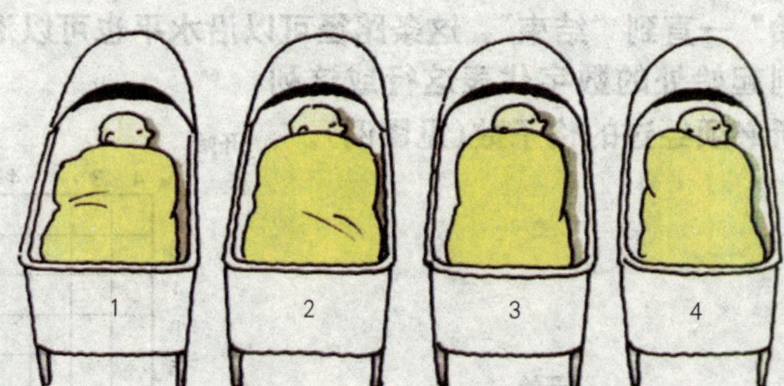

名：
姓：
年龄：

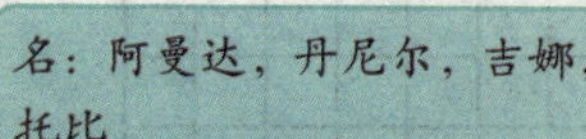

名：阿曼达，丹尼尔，吉娜，托比
姓：博尼，基德，纽康姆博，沙克林
年龄：1天，2天，3天，4天

提示：先找出年龄最大的孩子的姓。

007 退休的警察们

我叔叔在迪克萨克福马警察队工作了30年，终于在1994年退休了。上个月，他把我带到了一个聚会，并且把我介绍给了其他5位刚刚退休的警察，他们和叔叔有过合作，但都因为各种各样的原因没能像叔叔那样工作30年后退休。从下面的信息中，你能找出每个人提前退休的原因、退休时间以及他们后来所从事的工作吗？

线索

1. 其中一人因为有心脏病而提前离开了警察队，退休后成了一名专业摄影师，他比麦克·诺曼早退休4年。
2. 还有一位退休后开了一家名为“牧羊狗和狗”的酒馆，并营业至今。患有溃疡病的切克·贝克比他早几年离开了警察队。
3. 乔·哈里斯不是那个因为在一次车祸后严重受伤而被迫退休的人。
4. 退休后成了一名出租车司机的那个人，在罗福特·肯特离开警察队后的第4年也离开了。
5. 在1976年，其中一位在追捕一个夜贼时从屋顶上跌落下来，之后他不得不退休，退休后的职业不是出租车司机。
6. 思考特·罗斯现在靠替人驯狗来维持生计，在他退休后，有一名警察因在抓捕犯人时被嫌疑犯刺伤而残废，并不得不因此离开了警察队。
7. 有一个人是在1980年离开的萨克福马警察队，目前他在一个修车场做机修工。

	车祸	从屋顶跌落	心脏病	被刀刺伤	溃疡	1968年	1972年	1976年	1980年	1984年	出租车司机	驯狗员	机修工	摄影师	酒馆老板
切克·贝克															
乔·哈里斯															
罗福特·肯特															
麦克·诺曼															
思考特·罗斯															
出租车司机															
驯狗员															
机修工															
摄影师															
酒馆老板															
1968年															
1972年															
1976年															
1980年															
1984年															

008 太阳系中的间谍

随着25世纪银河系中的政治情况变得极不稳定，地球人制造的高智能服务系统不得不认真检查“地球”这颗行星上的所有来访者，寻找造访的所有外国间谍，下面是被抓到的5个间谍的具体情况。根据所给出的线索，你能说出每个间谍来自的行星、各自所属的智能体系以及他们是以什么假地球身份作掩护的吗？

线索

1．莫比克－奎弗不是榻－凯纳的代理，榻·凯纳使用了联合行星难民组织中洛浦兹医生的身份。

2．一个间谍以微生物学家帕特尔教授的名义办理了护照，他和海伦·格尔都不是来自那个行星的。

3．艾伦·伯恩斯来自埃斯波兰萨行星，他所在的智能组织比海伦·格尔所代理的集团的服务器要先进。

4．沙拉·罗帕姆是臭名昭著的齐德尔的一员，他不是来自阿德瑞基行星，也不是以斯榻福斯的赫斯尼船长身份作掩护。

5．德吉瑞克不是HFO的代理，他试图在特雷登陆，并以汉斯·格拉巴记者的身份为掩护。

6．来自诺德的间谍被抓时是以查斯诺维瑞恩教堂的尼尔森主教的身份作掩护，他所属的智能集团只有它的创办者才了解。

	阿德瑞基	埃斯波兰萨	格洛姆斯	诺德	沃克斯	DPA	HFO	NSR	榻·凯纳	齐德尔	掩护身份：尼尔森主教	赫斯尼船长	洛浦兹医生	汉斯·格拉巴	帕特尔教授
艾伦·伯恩斯															
德吉瑞克															
海伦·格尔															
莫比克－奎弗															
沙拉·罗帕姆															
掩护身份：尼尔森主教															
赫斯尼船长															
洛浦兹医生															
汉斯·格拉巴															
帕特尔教授															
DPA															
HFO															
NSR															
榻·凯纳															
齐德尔															

真名	行星	组织	化名

009 罗马遗迹

博物馆的展品中有20世纪60年代发现的4个罗马墓碑。根据下面的线索，你能填出图片上每块墓碑的细节，包括墓碑主人的名字、职业以及去世的时间吗？

A B C D

线索

1.墓碑C的主人是一位物理学家，卢修斯·厄巴纳斯在他去世之后的12年也去世了。

2.墓碑A的墓主人不是酒商泰特斯·乔缪尔斯。

3.D是朱尼厄斯·瓦瑞斯的墓碑。

4.马库斯·费迪尔斯在公元84年去世。

5.那名职业拳击手在他的最后一场拳击赛中被杀，当时是公元96年。

6.在公元60年去世的不是古罗马13军团的百人队长。

名字：朱尼厄斯·瓦瑞斯，卢修斯·厄巴纳斯，马库斯·费迪尔斯，泰特斯·乔缪尔斯

职业：百人队长，职业拳击手，物理学家，酒商

去世时间：公元60年，公元72年，公元84年，公元96年

提示：先找出物理学家的名字。

010 信件

斯托贝瑞正在整理早晨要发送的信件，桌上的4封信都是寄给镇上的居民的。根据下面的信息，你能找出每封信的收信人姓名以及收信人各自的完整地址吗？

线索

1.寄给本德先生的信挨着收信地址为31号的信，并在它的右边。

2.4封信中有一封信的地址是特纳芮大街10号。

3.3号信将会在今天早上稍晚时间寄给雪特小姐，她不住在斯达·德弗街。

4.梅尔先生的地址号码比1号信封上的收信地址号码大。

5.收信地址为6号的那封信与寄给格林夫人的那封信之间隔了一封信。

6.寄到斯坦修恩路那封信的号码比它右边那封信的收信地址号码大。

名字：本德先生，格林夫人，梅尔先生，雪特小姐

地址号码：6，10，31，45

街名：斯达·德弗街，朗恩·雷恩街，斯坦修恩路，特纳芮大街

名字：
号码：
街名：

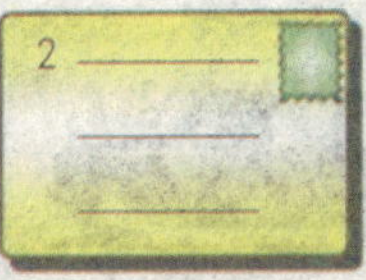

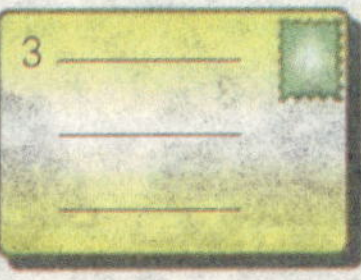

提示：先找出1号信封的收信人名字。

011 战舰（七）

这道题是按照一个古老的战舰游戏设计的，你的任务是找出表格中的船。方格中已填入了几个代表海或某种船的局部的图案，而紧靠行和列边上的数字表示这行或这列被占的方格总数。船和船之间可以水平或垂直停靠，但是任何两艘船或船的某个部分都不可以在水平、垂直和对角方向上相邻或重叠。

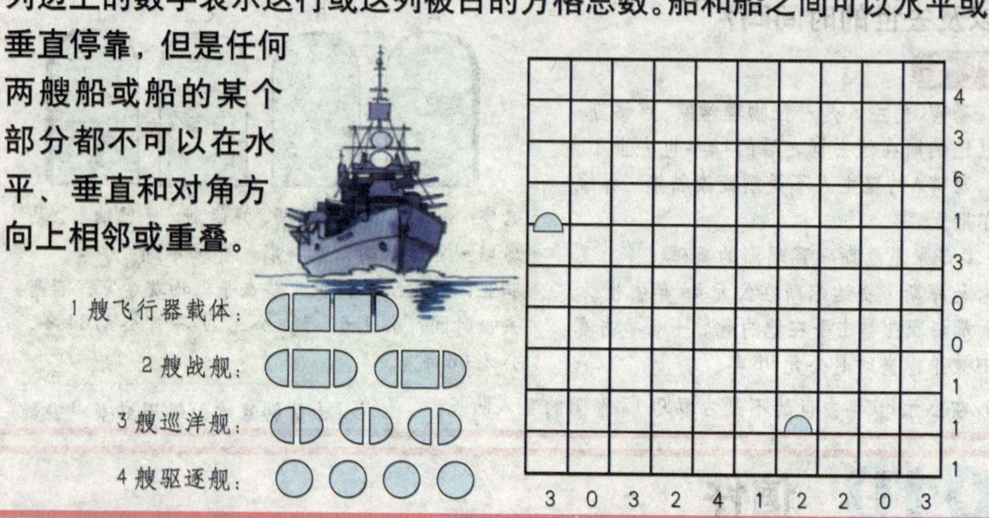

012 下火车后

4名妇女刚刚乘火车从北方到达国王十字站，她们将搭乘4辆出租车。根据下面的信息，你能认出1到4号出租车的司机和乘客的名字以及乘客上车时的站名吗？

线索

1. 詹森所载的那名女乘客乘火车所走的路程比黛安娜长，黛安娜坐的是詹森后面的那辆出租车。
2. 诺埃尔所载的乘客不是在皮特博芮上车。
3. 来自格兰瑟姆的那名妇女坐上了1号出租车，开车的司机不是伯尼，伯尼车上的乘客叫帕查。
4. 索菲是在多恩卡斯特上车。
5. 克莱德是4号出租车的司机。

司机：伯尼、克莱德、詹森、诺埃尔
乘客：安妮特，黛安娜，帕查，索菲
站名（按距离顺序，由远至近）：约克角，多恩卡斯特，格兰瑟姆，皮特博芮

提示：先找出黛安娜上车的地点。

013 上车和下车的乘客

下图展现的是一辆公共汽车在行车途中的7次停车。在这个特别的旅途上，第1次到第7次中的每次停车都各有一个人下车和一个人上车。根据下面的线索，你能说出每个停靠点的站名以及每次上车乘客及下车乘客的名字吗？注：在这次旅途中，每个乘客的名字都是不一样的，故上车的阿尔玛与下车的阿尔玛是同一个人。

线索

1. 罗宾是在最后一次停车时上车的。
2. 西里尔在市场广场下车，那时乔斯已经下车了，他们两个下车时莱姆还没有上车。
3. 在1号停车点上车的乘客在6号停车点下车，在前一站下车的是一名男乘客，但下车地点不是植物园。
4. 布伦达上车时刚好欧文在此站下车。
5. 皮特和梅齐一路上不曾在车上相遇过，梅齐是在邮局的前两站下车，莱斯利是在邮局站上车。
6. 在来恩峡谷站上车和下车的分别是一名男乘客和一名女乘客。
7. 在3号停靠点狐狸和兔子站上下车的乘客都是女性。
8. 在国会街站的下一站马克斯下车了，国会街站不是4号站，阿尔玛也不是在4号站下车的。

站名：植物园，板球场，狐狸和兔子站，来恩峡谷，市场广场，国会街，邮局

上车乘客：阿尔玛（女），布伦达（男），莱斯利（男），莱姆（男），马克斯（男），皮特（男），罗宾（男）

下车乘客：阿尔玛（男），布伦达（男），西里尔（男），乔斯（女），梅齐（女），马克斯（男），欧文（男）

提示：先找出在3号站上车的妇女。

014 默默无闻的富翁

希腊的一位富翁索普科尔思·格特勒塔布瑞斯很多年来一直保持低调，而在今年年初的5个月中，当他派出的代表在各种欧洲国家级拍卖会上又为他的私人艺术收藏竞拍到5件艺术品时，富翁索普科尔思·格特勒塔布瑞斯再次成为各大报纸的头版头条。根据下面的信息，你能说出他每个月所竞拍下的是谁的作品、每次交易的地点以及每幅画的价格吗？

线索

1. 为了买下马耐特的一幅画，索普科尔思的代表比前一个月他在马德里竞拍多付了50万欧元。
2. 他为3月份竞拍下的收藏品花费最多。
3. 卡尼莱特的某一幅画的成交价是250万欧元，其后的一个月，他在罗马用100万欧元得到了觊觎已久的一幅画。
4. 在阿姆斯特丹所买的画不是200万欧元。
5. 他在4月份得到了格列柯的画。
6. 弗米亚的作品是在巴黎买到的。

	卡尼莱特	格列柯	马耐特	毕加索	弗米亚	阿姆斯特丹	布鲁塞尔	马德里	巴黎	罗马	100万	150万	200万	250万	300万
1月															
2月															
3月															
4月															
5月															
100万															
150万															
200万															
250万															
300万															
阿姆斯特丹															
布鲁塞尔															
马德里															
巴黎															
罗马															

时间	艺术家	地点	价格

015 捷径

有3个职员对到达某个小餐馆的最快路程起了争议，他们决定通过实验的方法解决这个问题。根据下面的信息，你能找出每个职员所走的两段路以及他们各自所用的时间吗？

	第一段 丘奇巷	第一段 佩恩街	第一段 斯拜丝巷	第二段 多吉丝·希尔	第二段 哥夫街	第二段 维恩广场	8分钟	10分钟	12分钟
尼克									
帕特									
桑迪									
8分钟									
10分钟									
12分钟									
第二段 多吉丝·希尔									
第二段 哥夫街									
第二段 维恩广场									

线索

1. 选择走斯拜丝巷和哥夫街的那个英国职员比尼克少花了两分钟。
2. 帕特先是沿着佩恩街去小餐馆的。
3. 从维恩广场（第二段路）操近路过去只需要10分钟。

016 记者艾弗

上周末记者艾弗对3位国际著名女性进行了采访（这家伙的生活多幸福啊）。根据下面的信息，你能找出每天他所采访的女性的名字、职业和家乡吗？

	阿比·布鲁克	利亚·凯尔	帕特丝·欧文	电影演员	小说家	流行歌手	澳大利亚	加拿大	美国
星期五									
星期六									
星期日									
澳大利亚									
加拿大									
美国									
电影演员									
小说家									
流行歌手									

线索

1. 艾弗在采访加拿大女星的第二天又采访了帕特丝·欧文。
2. 艾弗在星期五采访了一名流行歌手。
3. 艾弗在采访了一位澳大利亚的客人之后采访了畅销小说家阿比·布鲁克。
4. 艾弗在星期天访问的不是女电影演员。

时间	名字	职业	家乡

017 填空（四）

要求每行每列上均有字母A，B，C，D，E，同时，在粗线条构成的图形里，也要有字母A，B，C，D，E。你能做到吗？

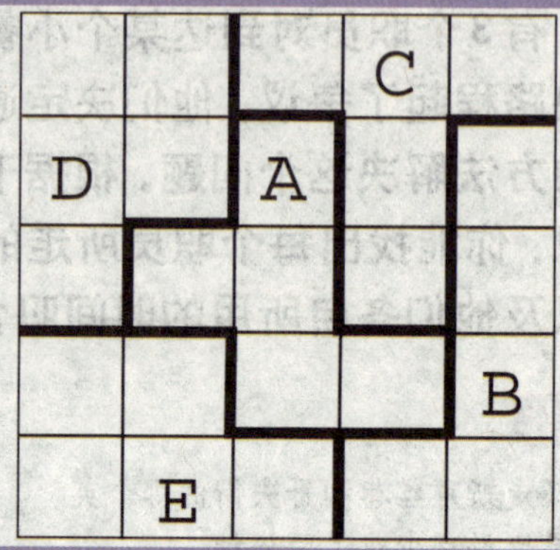

018 欢度国庆

在国庆这一天，4个住在法国相邻村庄的居民选择了不同的庆祝方式。根据下面的信息，你能分别说出每个村庄的名字、该村的居民以及他们的庆祝方式吗？

线索

1.波科勒村举办了圣子埃特鲁米亚展览，该村与克里斯多佛的家乡相邻并在它的东面。

2.第2个村庄是丝特·多米尼克村。

3.丹尼斯住在第3个村庄，而村庄1不是以街道舞蹈为庆祝方式。

4.住在墨维里村的安德烈不是那个花整晚的时间在电视前看庆祝活动的懒汉，这个懒汉也不是住在4号村庄。

5.以烟花大会为庆祝方式的村庄比马丁的家乡更靠西面。

村庄：波科勒，格鲁丝莫，墨维里，丝特·多米尼克

居民：安德烈，克里斯多佛，丹尼斯，马丁

庆祝活动：街道舞蹈，烟花大会，圣子埃特鲁米亚展览，看电视

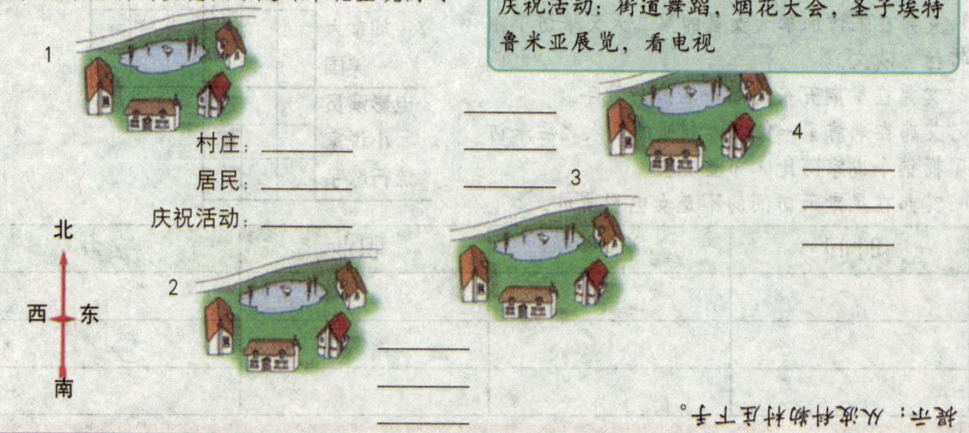

提示：从波科勒村庄下手。

019 度假

有5位女士在卡仑喀斯特最大的部门商店工作，她们决定各自到一个偏远刺激的地方过暑假，每个人都会参加一种新鲜刺激的娱乐活动。根据下面的信息，你能找出每位女士的工作部门、计划度假的地点以及她们将要在那里做的新鲜事吗？

线索

1.布莱克小姐不在纺织部门工作，也不打算去加利福尼亚，更不会参加鸟类学的探险活动，鸟类学的探险活动不是加利福尼亚的假日活动。未婚女士都不会去参加水上运动。

2.纺织部的那名职员将把她的时间花在鸟类学的探险活动上，但她不打算在亚洲度假。

3.戈登夫人不是商店的园艺部的工作人员，她将去学习如何驾驶热气球并期待着自己能顺利拿到热气球飞行员执照。莫什夫人对人们猜测的可能出没过不明飞行物的景点没兴趣，也不会去找我们平常所说的飞碟。

4.瑞雷小姐是体育部的高级助理。沃克夫人在泰国一个胜地预订了3个星期的假期来调整身心。

5.在厨具部工作的小姐将去巴巴多斯岛。斯里兰卡目前还没有开设观测不明飞行物的假日项目。

6.在贴身衣物部门工作的那位女士将把假日用在潜水上。

	园艺部门	纺织部门	厨具部门	贴身衣物部门	体育部门	巴巴多斯岛	加利福尼亚	佛罗里达	斯里兰卡	泰国	气球操纵	鸟类学	潜水	水上运动	探测不明飞行物
布莱克小姐															
戈登夫人															
莫什夫人															
瑞雷小姐															
沃克夫人															
气球操纵															
鸟类学															
潜水															
水上运动															
探测不明飞行物															
巴巴多斯岛															
加利福尼亚															
佛罗里达															
斯里兰卡															
泰国															

姓名	部门	目的地	娱乐活动

020 过道上的顾客

超市在星期六的上午很繁忙。下图展示的是超市里以A，B，C，D为标志的4条过道，每条过道内站着4名顾客，根据下面的线索，你能说出每个位置上顾客的名字吗？

线索

1.每条过道上站着2名男顾客和2名女顾客。

2.威尔福在马克北面的第二个位置，而在尼克西南面的对角位置。

3.下面有一张按字母顺序排列的名单，名单上A过道中1号位置妇女的名字与8号位置上那名男顾客的名字相邻并在其后。

4.一条过道内，琼紧挨鲍勃并在其东面。

5.桑德拉站在奥利弗的东北角，安妮挨着戴伦并在他西面，马吉和杰夫所在的过道与安妮和戴伦所在过道相邻并在其南面，而马吉和杰夫彼此相邻。

6.4号顾客是位女性，而13号顾客不是特德。

7.C过道内查瑞丝挨着考林并在其西边。

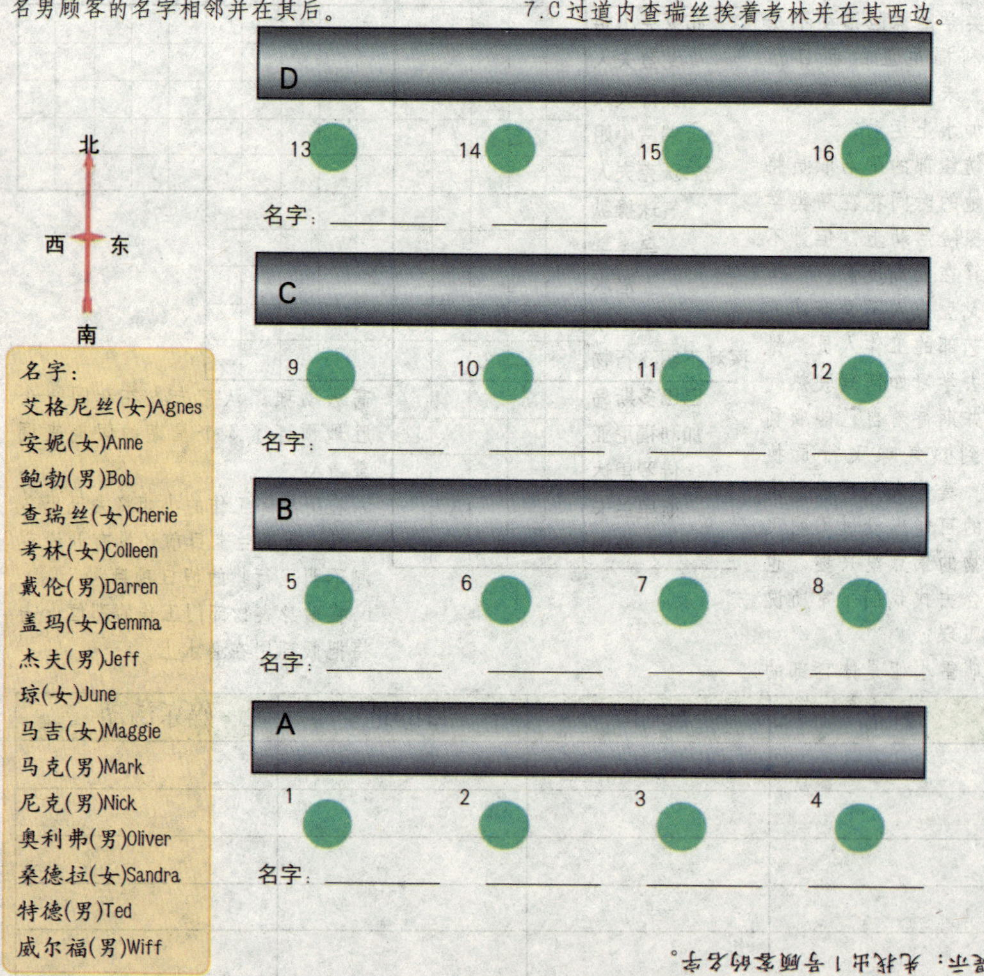

提示：先找出1号顾客的名字。

021 军队成员

下图展示了1644年克伦威尔·奥利弗领导的“护国军”中的4名成员，根据下面的线索，你能填出每名成员的姓名、兵种以及各自所穿制服的颜色吗？

线索

1. 伊齐基尔·费希尔所穿制服为灰色，不过上面布满了灰尘和泥浆，他紧挨在鼓手的右边。
2. 一名配枪士兵穿着又破又脏的棕色制服，他和末底改·诺森之间隔着一个士兵。
3. 1号士兵是个步兵，他不是法国人，而是英国人。
4. 4号士兵是所罗门·特普林。
5. 吉迪安·海力克所穿的上衣不是蓝色。

名字：伊齐基尔·费希尔，吉迪安·海力克，末底改·诺森，所罗门·特普林
兵种：鼓手，炮手，步兵，配枪士兵
制服颜色：蓝色，棕色，灰色，红色

提示：先找出伊齐基尔的位置。

022 签名售书

伦敦展览中心举办了一个签名售书会，6位作者（分别位于1，3，4，6，7，10号签售点）正在为读者签名。根据下面的线索，你能推断出每名作家的姓名及每个人是签售哪本书吗？

线索

1. 离大卫·爱迪生的书摊最近的是拜伦·布克的书摊，它就在大卫的右边，而其中一位女作家在大卫的左边。
2. 坦尼娅·斯瓦不是在3号摊签售，《乘车向导》一书是在3号摊的右边签售，而《超级适合》的作者曾经是一名运动员，他的签售摊位在3号摊的右边的某个地方。
3. 靠电视节目成名的一位厨师签售《英式烹调术》一书，他紧挨在卡尔·卢瑟的右边，而卡尔又紧挨在拜伦·布克的右边。
4. 《城市园艺》一书的签售书摊号码与曼迪·诺布尔的书摊号码相差2，并且曼迪写的不是《超级适合》。
5. 《自己动手做》一书的作者是拜伦·布克。

作者：拜伦·布克（男），大卫·爱迪生（男），卡尔·卢瑟（男），曼迪·诺布尔（女），保罗·帕内尔（男），坦尼娅·斯瓦（女）
著作：《自己动手做》，《英式烹调术》，《乘车向导》，《超级适合》，《业余占星家》，《城市园艺》

提示：先找出10号书摊的作者名字。

023 ABC（五）

填右边的表格，使得每行每列均包含字母A，B，C和两个空格。表格外的字母表示箭头所指方向的第1或者第2个出现的字母，如B1代表箭头所指方向出现的第1个字母为B，你能完成要求吗？

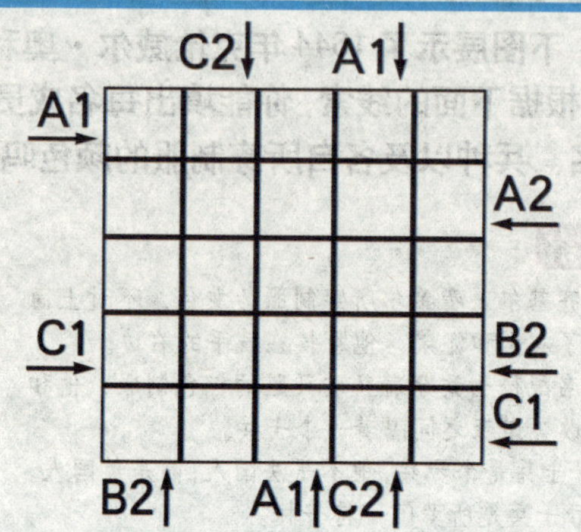

024 黑猩猩

在西非举行的一次动物学会议上，专家们正在就一项饲养稀有黑猩猩的计划进行讨论，下图展示了去年下半年出生的5只小猩猩。根据下面的线索，你能填出每只小猩猩的名字、出生月份及其母亲的名字吗？

线索

1. 1号黑猩猩比5号黑猩猩至少大1个月，它们两个都不叫罗莫娜，也都不是格雷特的后代，而罗莫娜或格雷特的后代都不是在7月出生。
2. 里欧比它右边的格洛里亚小，它们两个都比里欧左边的雌猩猩晚出生，这个雌猩猩的母亲叫克拉雷。
3. 贝拉比左边的黑猩猩晚出生1个月，这只黑猩猩的母亲叫爱瑞克。
4. 马琳比丽贝卡晚1个月生产，丽贝卡的后代紧挨着马琳的后代并在其右边。

名字：贝拉，格洛里亚，里欧，珀西，罗莫娜
出生月份：7，8，9，10，11
母亲：爱瑞克，格雷特，克拉雷，马琳，丽贝卡

提示：先找出1号黑猩猩的名字。

026 追溯祖先

来自得克萨斯州的罗维是一位热心于研究家族历史的人，他把大量的业余时间用于追溯他的祖先。目前为止，他已经追溯到17世纪了，但当他研究那个时期从英格兰移民到新大陆的4个男性祖先的具体情况时遇到了些麻烦。根据下面的信息，你能找出每位祖先的名字、职业，以及各自的家乡和移民去美国的时间吗？

线索

1. 杰贝兹·凯特力是在德文郡南部的一个小乡村里出生长大的。
2. 一个铁匠在1647年移民美国，但是他不是来自柴郡。
3. 亚伯·克莱门特在1644年移民。
4. 军人迈尔斯·罗维在美国工作，主要负责保护殖民地居民免受印第安人的欺负。
5. 在诺福克出生的那个人是4人中第一个离开英国的，他不是木匠。
6. 木匠比农民早3年移民到美国，但这个木匠不是泰门·沃丝皮。

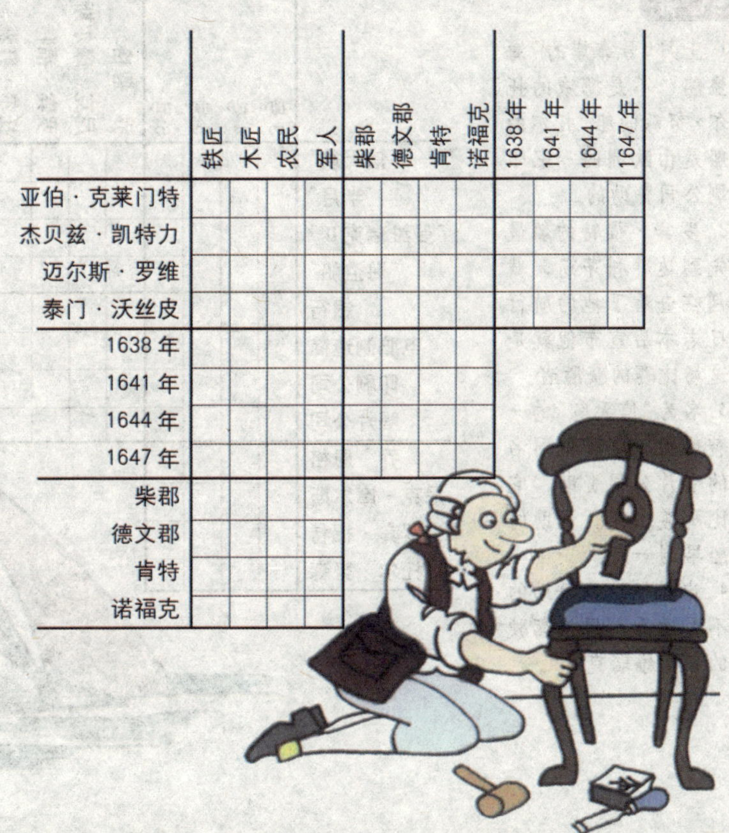

	铁匠	木匠	农民	军人	柴郡	德文郡	肯特	诺福克	1638年	1641年	1644年	1647年
亚伯·克莱门特												
杰贝兹·凯特力												
迈尔斯·罗维												
泰门·沃丝皮												
1638年												
1641年												
1644年												
1647年												
柴郡												
德文郡												
肯特												
诺福克												

名字	职业	家乡	离开时间

026 自力更生

彭妮公司举办了一个单人快艇比赛，上个月的第一周我们终于看到了返回普利茅斯的4艘船只。根据下面的线索，你能说出每艘船的返回时间、船上仅有的一名船员的名字，以及这个活动中每位赞助商所做的是何种生意（谁出资赞助这次活动中的每名参赛者）吗？

线索

1. 上月6号靠岸的"海盗船"不是挪威的托尔·努森的船，托尔的船是由欧洲的一家印刷公司赞助的。
2. 罗宾·福特的船最先到达普利茅斯，裁判在查看了他的航行日志本后宣布他就是这场比赛的获胜者。
3. 名为"信天翁"的一艘船由一家和他同名的唱片公司资助，它比那艘由银行资助的船早到一天。
4. 电脑制造商赞助的不是由乔·恩格驾驶的"曼维瑞克Ⅱ"。

	3号	4号	5号	6号	乔·恩格	尼克·摩尔斯	罗宾·福特	托尔·努森	银行	电脑制造商	印刷公司	唱片公司
"信天翁"												
"半月"												
"曼维瑞克Ⅱ"												
"海盗船"												
银行												
电脑制造商												
印刷公司												
唱片公司												
乔·恩格												
尼克·摩尔斯												
罗宾·福特												
托尔·努森												

快艇	靠岸日期	船员	赞助商

027 四人车组

英国电视台正在录制一部反映鸟类生活的纪录片。根据下面的线索，你能说出车中每个人的全名和他们的身份吗？

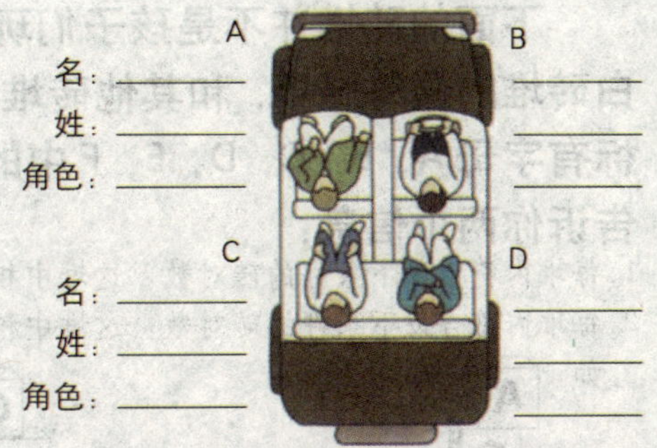

线索

1. 瓦内萨·鲁特坐在录音师的斜对面。
2. 坐在D位置的鸟类学专家不姓温。
3. 姓贝瑞的摄像师不叫艾玛，而植物学家不在C位置上。
4. 盖伊不姓福特。

名：艾玛，盖伊，罗伊，瓦内萨
姓：贝瑞，福特，鲁特，温
身份：植物学家，摄像师，鸟类学专家，录音师

提示：先找出瓦内萨的职务。

028 野鸭子

在池塘的周围有4栋别墅，每栋别墅的花园都是一只母鸭子和她的一群小鸭子的领地。根据下面的线索，你能说出图中每个别墅的名字、别墅主人给母鸭子取的名字以及每只母鸭子生了多少只小鸭子吗？

线索

1. 戴西生了7只小鸭子，她把巢筑在与洁丝敏别墅顺时针相邻的那栋别墅里。
2. 沃德拜的别墅在池塘的西面。
3. 迪力生的小鸭子比在罗斯别墅孵养的小鸭子少一只，而后者在逆时针方向上和前者所在的别墅相邻。
4. 多勒生的小鸭子数量最少。
5. 达芙妮所在的别墅和小鸭子数最少的那栋别墅沿逆时针方向是邻居。

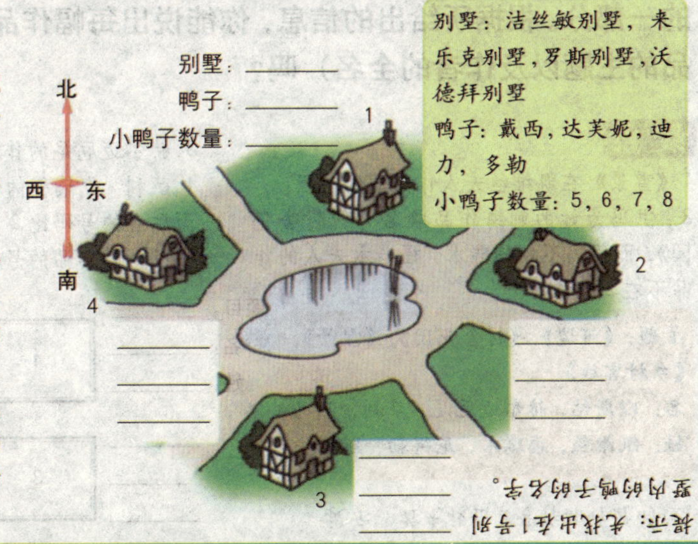

别墅：洁丝敏别墅，来乐克别墅，罗斯别墅，沃德拜别墅
鸭子：戴西，达芙妮，迪力，多勒
小鸭子数量：5，6，7，8

提示：先找出在1号别墅内的鸭子的名字。

029 堆积（五）

下面的砖堆并不是孩子们玩耍时随意堆砌的，而是暗示了右边空白砖堆的最终结果，和其他砖堆一样，空白的一堆内有6块砖，每块上标有字母A，B，C，D，E，F中的一个，且各不相同。砖堆下面的数字告诉你两个信息：

1.每堆内符合以下条件的砖对数：这堆中相邻的砖对在结果中仍相邻，且顺序相同。

2.每堆内符合以下条件的砖对数：这堆中相邻的砖对在结果中仍相邻，但顺序颠倒。

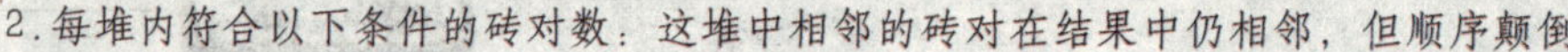

如：A C

一堆内如有AC，结果堆内包含相同的相邻的两块砖，若A在C上面，就在该堆下面的“正确”栏内标1，相反，如果结果堆内相邻两块砖中C在A上面，就在相应的“颠倒”栏内标1，

根据所给信息，你能标出结果堆上面的字母序列吗？

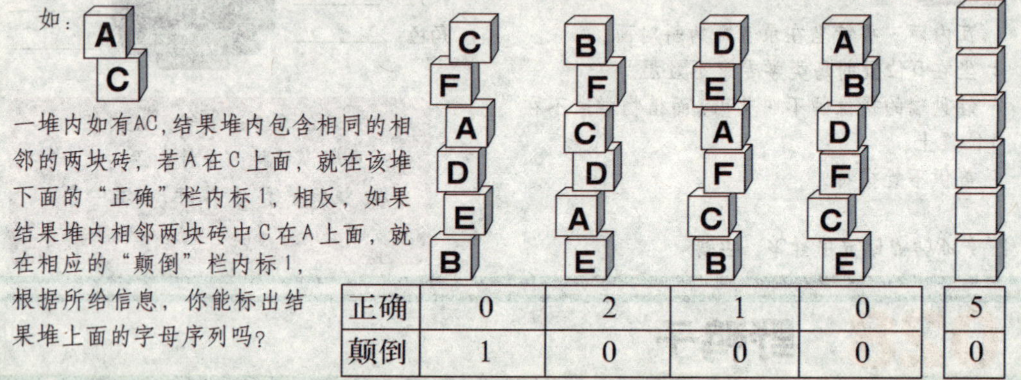

正确	0	2	1	0	5
颠倒	1	0	0	0	0

030 刺绣展览

几位女性刺绣爱好者正在举行她们的作品展，下面4幅作品是其中的一部分。根据所给出的信息，你能说出每幅作品的具体信息（包括作品的主题以及作者的全名）吗？

线索

1.《雪景》在凯维丝夫人作品的斜对面。

2.伊冯为她的刺绣作品取名为《村舍花园》，而伊冯不姓福瑞木，福瑞木夫人的作品不在2号位置上。

3.赫尔迈厄尼的作品比《河边》挂的高。

4.萨利·斯瑞德的作品在《乡村客栈》斜对面，而后者的号码比2小。

5.以斯帖作品的号码比尼得勒夫人的小。

主题：《河边》，《村舍花园》，《雪景》，《乡村客栈》

名：以斯帖，赫尔迈厄尼，萨利，伊冯

姓：凯维丝，福瑞木，尼得勒，斯瑞德

题目：______

名：______

姓：______

1 2

3 4

提示：首先找出2号作品作者的姓。

031 机车发动机

许多年来，由梅雷迪思·托马斯在19世纪初专门为伦敦中心火车站设计的0–6–0型机车发动机在英国的火车站都很流行，但现在只剩下4台。根据下面的线索，你能找出这4台发动机的制造年月以及各自服役的地点吗？

线索

1. 莫特·埃梢丝目前仍在一段10英里长的轨道上服役，该段轨道位于丝托布瑞附近的南萨克福马火车站中，莫特·埃梢丝的生产月份比1887年生产的那台早。
2. 在丹弗地尔火车站内服役的莫特类发动机比莫特·斯诺登峰晚4年生产。
3. 其中一辆机车还带着制造标盘，上面标明它的生产日期为1879年7月13日。
4. 莫特·卡梅尔生产于1月份，但不是在1883年。
5. 现在在北切斯特的国家运输博物馆（NTM）收藏着的发动机比在4月份生产的那台早4年生产。

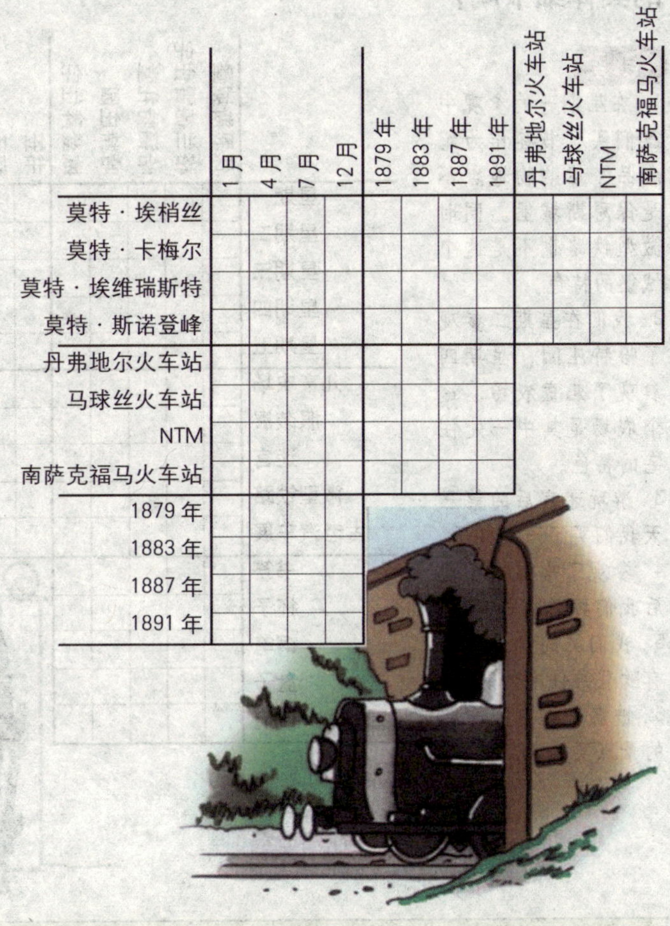

机车	生产月份	生产年份	地点

032 庄严的参观

作为国家遗产协会的成员，我们在上星期的每一天都去了一个有纪念意义的地方，这些地方都有着独特并吸引人的景点，而且我们在每个景点的礼品店买了一样纪念品。根据下面的信息，你能推论出每次参观的具体细节吗？

线索

1. 在星期一的参观中我们买了书签作为纪念品，但购物地点不是保恩斯城堡。同时微型铁路也不是这个城堡的特色。
2. 我们在星期二参观了哈特庄园，星期四参观了儿童农场，这个农场是其中一处住宅的特色。
3. 游玩迷宫后的第三天我们买了一个杯子。
4. 参观了哈福特礼堂后我们买了一支钢笔。
5. 我们买的盘子上没有欧登拜住宅的照片。
6. 披肩是在有服饰展的景点买的。

	保恩斯城堡	格兰德雷住宅	哈福特礼堂	哈特庄园	欧登拜住宅	书签	杯子	钢笔	盘子	披肩	儿童农场	服装展	迷宫	微型铁路	古老汽车展
星期一															
星期二															
星期三															
星期四															
星期五															
儿童农场															
服装展															
迷宫															
微型铁路															
古老汽车展															
书签															
杯子															
钢笔															
盘子															
披肩															

时间	参观地点	纪念品	特色景观

033 机车

在考伦喀斯特铁路展览馆里有3辆曾经服役于大盎格鲁人车站的机车。根据下面的信息，你能说出每辆机车的名字、颜色、各自所属的类型以及制造时间吗？

	类型 阿比	商务车	越野车	深红／白色	橄榄绿	猩红／黄色	1909年	1926年	1942年
名字 亚历山大									
罗德·桑兹									
沃克斯·阿比									
1909年									
1926年									
1942年									
深红／白色									
橄榄绿									
猩红／黄色									

线索

1.顾名思义，沃克斯·阿比属于阿比类发动机。

2.外面被漆成深红色和白色的亚历山大曾被应用于制造机载导弹，而亚历山大不是越野类发动机。

3.罗德·桑兹不是那辆制造于1942年外表为橄榄绿的机车。

4.越野类型的机车直到1909年还没有被设计出来。

名字	颜色	类型	制造时间

034 移民

去年3个家庭从思托贝瑞远迁到了其他国家，现在他们在那里有声有色地经营着自己的小店。根据下面的信息，你能说出每对夫妻有几个孩子、他们移民到了哪里以及所做的是何种生意吗？

	1个	2个	3个	澳大利亚	加拿大	新西兰	鱼片店	农场	旅馆
布里格夫妇									
希金夫妇									
基德拜夫妇									
鱼片店									
农场									
旅馆									
澳大利亚									
加拿大									
新西兰									

线索

1.有3个孩子的家庭移民到了澳大利亚，他们没有在那里开旅馆。

2.移民到新西兰的布里格一家开的不是传统英国风味鱼片店。

3.开鱼片店那家的孩子比希金夫妇的孩子少。

4.基德拜夫妇有2个孩子，他们每人照看1个。

035 战舰（八）

这道题是按照一个古老的战舰游戏设计的，你的任务是找出表格中的船。方格中已填入了几个代表海或某种船的局部的图案，而紧靠行和列边上的数字表示这行或这列被占的方格总数。船和船之间可以水平或垂直停靠，但是任何两艘船或船的某个部分都不可以在水平、垂直和对角方向上相邻或重叠。

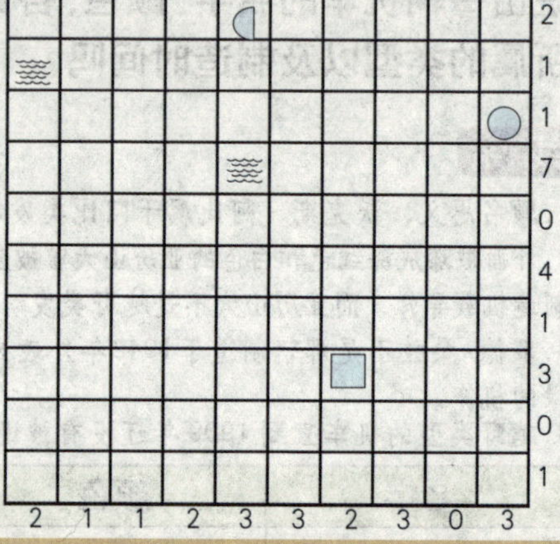

1 艘飞行器载体：

2 艘战舰：

3 艘巡洋舰：

4 艘驱逐舰：

036 帕劳旅馆之外

在一个明媚的夏日，4位老绅士坐在班吉斯·格林镇帕劳旅馆外的长凳上，享受着啤酒，回忆着往事。根据下面的信息，你能推断出图中每位老人的名字、年龄以及在那段让他们念念不忘的美好时光中从事什么工作吗？

名字：乔·可比，来恩·摩尔，珀西·奎因，罗恩·斯诺

年龄：72，74，76，78

过去的工作：牧场主人，马医，机修工，邮递员

线索

1. 乔·可比大约做了50年的牧场主人，在少女农场上照顾牧群。
2. 现年74岁的退休邮递员坐在他的老朋友珀西·奎因的左边。
3. 坐在C位置上喝酒的那位是罗恩·斯诺，D位置上的老人的年龄已经超过72岁了。
4. 现年76岁的来恩·摩尔在75岁后的生活很充实，没有虚度光阴，他不是班吉斯·格林镇上给马钉掌或者照看那些笨拙马匹的老马医。
5. 坐在B位置上喝酒的人不是那位过去经常帮助别人维修拖拉机和农场设备的前任机修工。

037 吉祥物与禁忌

我的5个朋友非常迷信，每个人都说自己有一个幸运数字，总是带着一个吉祥物，并且他们各自有一种特殊的禁忌。根据下面的信息，你能说出每个人都忌讳什么吗？

线索

1.威尔·塔吉沃德从来不在室内打开雨伞，他的幸运数字比拥有幸运小盒的人的幸运数字大3。

2.芬格斯·克洛斯的幸运数字是偶数，该数比拥有幸运钥匙环的人的幸运数字小1。

3.艾弗·塔里斯蒙的幸运数字是4，但他不是那个挑剔到连新鞋子都不能放在桌上的人。

4.里欧·斯坦总是带着一枚能给他带来幸运的6便士银币，他的幸运数字不是5。

5.有一个人很忌讳在梯子下面走，而且他总是带着一个幸运兔脚。

6.一个人声称自己的幸运数字是6，他忌讳在旧衣服上缝纽扣。

	打破镜子	在室内打开雨伞	把新鞋子放在桌上	在旧衣服上缝扣子	在梯子下行走	钥匙环	小盒	兔脚	6便士银币	连衫衬裤	4	5	6	7	10
芬格斯·克洛斯															
艾弗·塔里斯蒙															
里欧·斯坦															
斯特拉·弗秋尼															
威尔·塔吉沃德															
4															
5															
6															
7															
10															
钥匙环															
小盒															
兔脚															
6便士银币															
连衫衬裤															

名字	禁忌	幸运物	幸运数字

038 得克萨斯州突击队

1872 年，得克萨斯州突击队抓住了一群隐匿在里约·布兰可郡德克萨斯州的逃犯。下面是其中5名突击队员的具体信息。你能从中找出每名突击队员的全名、家乡，以及迫使他们放弃成为一名执法官的原因吗？

线索

1. 特迪·舒尔茨是一个德国移民的儿子。有一名突击队员曾经是逃犯，现在仍然在美国被通缉，特迪和海德警官都不是这个人。
2. 来自圣地亚哥的那个人姓海德，埃尔默·弗累斯在没有工作时总是酗酒。
3. 突击队员马修斯并非来自福特·沃氏，他把业余时间和部分工作时间都花在了玩女人上。
4. 突击队员多比出生在位于墨西哥边界的拉雷多，奇克不姓弗累斯。
5. 来自休斯顿的那名突击队员在工作中表现很好，但可惜他遇到的囚犯都被他击毙了。
6. 皮特在艾尔·帕索出生长大，乔希不是通缉犯。

		姓：多比	弗累斯	海德	马修斯	舒尔茨	艾尔·帕索	福特·沃氏	休斯顿	拉雷多	圣地亚哥	酒鬼	赌徒	击毙囚犯	通缉犯	玩女人
名	奇克															
	埃尔默															
	乔希															
	皮特															
	特迪															
	酒鬼															
	赌徒															
	击毙囚犯															
	通缉犯															
	玩女人															
	艾尔·帕索															
	福特·沃氏															
	休斯顿															
	拉雷多															
	圣地亚哥															

名	姓	家乡	缺点

039 电影制片厂

在好莱坞电影市场的鼎盛时期，会同时有4部电影在4个邻近的电影制片厂进行拍摄，这4个制片厂同属一家著名的电影公司。根据下面的信息，你能具体描述在每个制片厂拍摄的电影类型、导演以及美丽的女主角的名字吗？

线索

1.那部言情电影的制片厂位于由海伦·皮奇担任女主角的那部电影的制片厂的东面。
2.枪战电影的制片厂位于导演沃尔多·特恩汉姆所在的制片厂的北面。
3.西尔维亚·斯敦汉姆是导演卡尔·卡马拉所拍摄电影的主角。
4.拉娜·范姆帕在一部警匪片里担任女主角，其制片厂在奥尔弗·楞次导演所在制片厂的斜对面。
5.C制片厂拍摄的不是喜剧片。

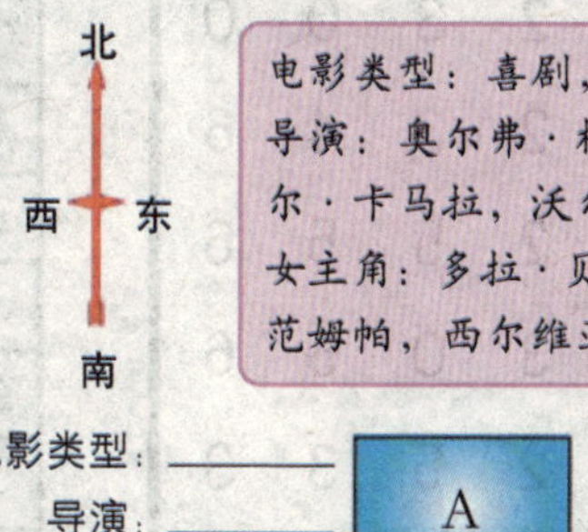

电影类型：喜剧，警匪，言情，枪战
导演：奥尔弗·楞次，鲍里斯·旭茨，卡尔·卡马拉，沃尔多·特恩汉姆
女主角：多拉·贝尔，海伦·皮奇，拉娜·范姆帕，西尔维亚·斯敦汉姆

电影类型：______
导演：______
女主角：______

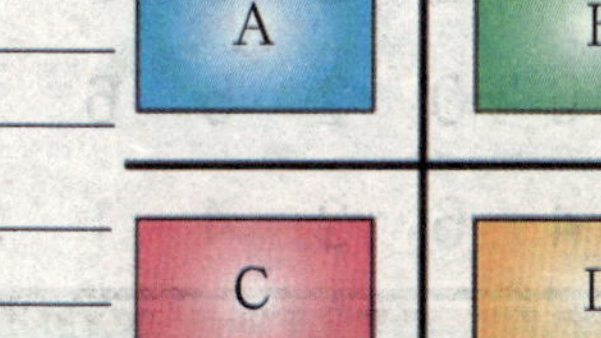

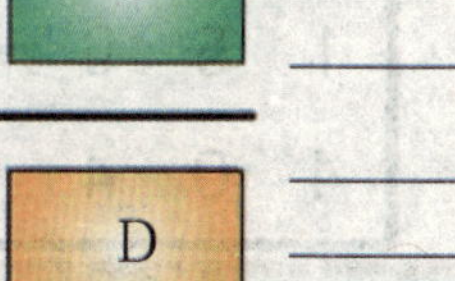

电影类型：______
导演：______
女主角：______

提示：先具体描述C制片厂的电影。

040 破纪录者

这张新闻照片上的是4名年轻的女运动员，她们在最近的国家青年运动锦标赛中打破了各自参赛项目的纪录。根据下面的信息，你能认出图片中的4个女孩，并说出她们各自打破了什么项目的纪录吗？

线索

1.凯瑞旁边的两个女孩都是打破了跑步类项目的纪录。
2.戴尔芬·赫尔站在标枪运动员旁边。
3.洛伊斯不在2号位置。
4.1号位置的女孩打破了跳远项目的纪录，她不姓福特。
5.一名姓哈蒂的运动员打破了400米项目的纪录，但她不叫瓦内萨。

名：戴尔芬，凯瑞，洛伊斯，瓦内萨
姓：福特，赫尔，哈蒂，斯琼
比赛项目：100米，400米，标枪，跳远

提示：先找到凯瑞在照片中的位置。

041 寻找骨牌（五）

一副标准的骨牌已经摆出，为了表达清楚，我们使用数字替代圆点。运用锋利的笔和敏锐的头脑，你能标出每张骨牌的位置吗？每找到一张牌就把它去掉，你会发现右边的表格对你很有帮助。

1	3	4	0	2	3	0	0
6	5	5	1	2	3	4	6
4	4	4	2	2	5	5	6
3	1	0	0	3	0	5	6
6	1	1	2	2	5	3	3
1	5	6	0	2	5	6	1
4	0	4	6	2	4	1	3

0							
1							
2							
3							
4							
5							
6							
	0	1	2	3	4	5	6

042 请集中注意力

乡长老斯布瑞格正在指派任务，4个老朋友看上去都很认真。根据下面的信息，你能认出1～4号位置的每个人，说出他们想做的事以及每个人穿的衣服是什么面料的吗？

线索

1. 一个人穿着狼皮上衣，艾格挨着他并在他的右边。
2. 埃格正在想怎样面对他自己的岳母耐格，本身他的妻子就很能言善辩。
3. 穿着山羊皮上衣的人在3号位置。
4. 奥格穿着小牛皮上衣，他不打算靠粉刷他的窑洞的墙壁打发时间。
5. 穿着绵羊皮外套的那个人打算在假日里把他小圆舟上的漏洞修补一下，坐在他左边的是阿格。

集会成员：艾格，埃格，奥格，阿格
想做的事：钓鱼，修小圆舟，粉刷窑洞的墙壁，拜访岳母
上衣：小牛皮，山羊皮，绵羊皮，狼皮

提示：先找出奥格打算去做什么。

043 一夜暴富

几位英格兰电视研究员正筹备拍摄一部纪录片，日前他们在国外采访了5位男士，这5位以前都是伦敦人，都是在很偶然的机会一夜暴富。根据下面的信息，你能说出每位男士现在的居住地、暴富的原因以及拥有的财产吗？

线索

1.其中一位靠抢劫银行发家并藏匿到了里约热内卢，其个人资产比伊恩·戈尔登少10万英镑，伊恩从他的叔叔那里继承了一大笔遗产，他叔叔的家人曾经认为他叔叔会死在亚马逊河丛林里，可是最后他却通过贩卖枪支和做许多违法的事情而发家。

2.一个人无意中在他的花园里找到一幅旧油画，结果这幅油画竟然是出自一位艺术大师之手，流落民间多年。最后这幅画卖了70万英镑，这个人不是莱昂内尔·马克，马克不是在百慕大群岛定居。

3.其中一位很早就创办了自己的工厂，工厂倒闭后被他卖给了一家跨国公司，这家公司铲平了地基，随后利用这片空地建立了他们的新总部，这个人最后得到的钱比肖恩·坦纳还多。

4.艾德里安·巴克现在在塞舌尔岛屿上有一笔不动产，事实上这笔不动产就是塞舌尔岛中的一座。

5.现在住在新奥尔良的那位从他自称的“小运气”中得到了50万英镑。

6.菲利普·兰德和英格兰调查员分享了他发了一笔80万英镑的横财时的兴奋感觉。

	百慕大群岛	新奥尔良	帕果－帕果	里约热内卢	塞舌尔	发现油画	继承叔叔	抢劫银行	卖公司	中彩票	90万	80万	70万	60万	50万
艾德里安·巴克															
伊恩·戈尔登															
莱昂内尔·马克															
菲利普·兰德															
肖恩·坦纳															
90万															
80万															
70万															
60万															
50万															
发现油画															
继承叔叔															
抢劫银行															
卖公司															
中彩票															

044 警察队

电视台发布了一条消息：很受欢迎的警察系列剧《警察队》中的5名明星将在下个月底退出。根据下面的线索，你能找出每位演员所扮演角色的名字、加入该部电视剧的时间以及他们在剧中的角色是以什么理由结束演出的。

线索

1. 吉恩杰·马洛警察是警察队中最爱开玩笑的人，他不是在1998年5月加盟该部电视剧的拍摄。
2. 道恩·塞尔拜在该部电视剧中的首次露面比那位扮演被银行抢劫犯枪杀的演员早一年，后者不是5位中最晚加入该部电视剧的演员。
3. 1999年3月3日播放的一段片花中首次出镜的那个角色不是由贝利·佩奇所扮演，他将退出第一部的拍摄，转而参演第二部并在其中扮演一名私家侦探。
4. 约翰·维茨所扮演的粗暴狡猾的检查员名为斯耐克·维姆斯。
5. 莫娜·杨在戏中的角色不是芬警察，该角色最后从斯楊·雷恩警察局调到伦敦另一边的尼克警察局。
6. 扮演乌尔夫警官的演员在1997年10月加入该部电视剧的拍摄。
7. 1998年7月首次出镜的格兰·泰勒扮演的不是坎普恩警察——因为收取当地一位腐败政员的贿赂而被监禁。

		坎普恩警察	芬警察	马洛警察	维姆斯检查员	乌尔夫警官	1997年10月	1998年5月	1998年7月	1999年3月	1999年8月	被监禁	调走	辞职	退休	被枪杀
演员	贝利·佩奇															
	道恩·塞尔拜															
	格兰·泰勒															
	约翰·维茨															
	莫娜·杨															
	被监禁															
	调走															
	辞职															
	退休															
	被枪杀															
	1997年10月															
	1998年5月															
	1998年7月															
	1999年3月															
	1999年8月															

（表头“坎普恩警察”至“乌尔夫警官”上方标有“角色”）

演员	角色	加入时间	角色结局

045 美好的火车旅行

在乘火车的旅行中，我从特洛斯坦特出发驶向哈格施姆，途中经过的4条河流各自有一座极富特色的桥。根据下面的线索，你能在地图上填出每座桥的名字、类型及其所跨河流的名字吗？

线索

1. 我们花费了90分钟跨过了托福汉姆桥，之后就来到了波罗特河上的吊桥。
2. 第2条河横穿斯杰普生德桥。
3. 横跨戴斯尔河的那座桥离哈格施姆的距离比大石拱桥离哈格施姆更近。
4. 我们在到达科玛河前，穿过了悬臂式建筑维斯吉格桥（因为它建在维斯吉格）。
5. 大摆桥在地图上的标示是偶数，每当有船只经过时它可以从中间开启。

桥名：埃斯博格，斯杰普生德，托福汉姆，维斯吉格

河名：波罗特，科玛，戴斯尔，斯沃伦

桥的类型：拱桥，悬臂桥，吊桥，摆桥

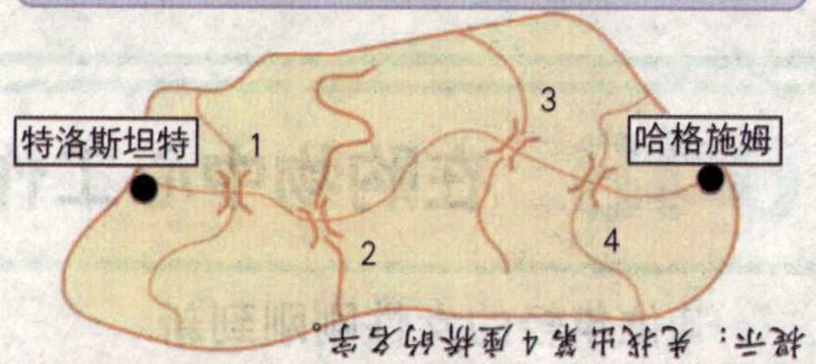

提示：先找出第4座桥的名字。

046 洗车工

为了赚些外快，比尔和他的两个朋友约定每个人清洗一辆邻居的车。根据下面的信息，你能找出他们各自为谁洗车、车的品牌及颜色吗？

线索

1. 比尔清洗一辆红色的车，但不是福特车。
2. 派恩先生的车是蓝色的。
3. 在他们所洗的几辆车中有一辆是黄色的普乔特。
4. 罗里清洗了斯蒂尔先生的车。

		车主：科顿先生	车主：派恩先生	车主：斯蒂尔先生	福特	普乔特	沃克斯豪	蓝色	红色	黄色
男孩	比尔									
男孩	卢克									
男孩	罗里									
	蓝色									
	红色									
	黄色									
	福特									
	普乔特									
	沃克斯豪									

男孩	车主	品牌	颜色

047 填空（五）

要求每行每列上均有字母A，B，C，D，E，同时，在粗线条构成的图形里，也要有字母A，B，C，D，E。你能做到吗？

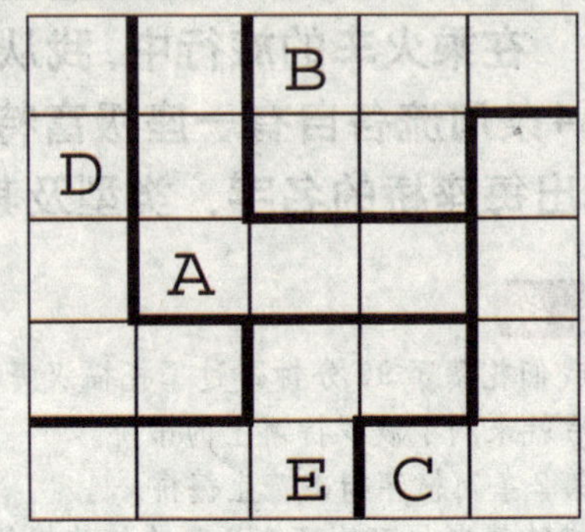

048 在购物中心工作

3位年轻的女性刚刚到新世纪购物中心的几个店面打工。根据下面的线索，你能找出雇佣她们的商店的名字、类型，以及她们各自开始工作的具体时间吗？

	赫尔拜店	罗帕店	万斯店	面包店	化学药品店	零售店	7月	8月	9月
安·贝尔									
卡罗尔·戴									
艾玛·发									
7月									
8月									
9月									
面包店									
化学药品店									
零售店									

线索

1.和在面包店工作的女孩相比，安·贝尔稍晚一些找到工作，那家面包店不叫罗帕。

2.艾玛·发不是8月份开始在万斯店工作。

3.卡罗尔·戴不在零售店工作。

4.其中一个女孩不是从9月份开始在赫尔拜的化学药品店工作。

名字	商店名	类型	时间

049 机器人时代

今年夏天由几位教育界权威组织举办了一场机器人竞赛，这些机器人由一些乡村学校制造。根据下面的信息，你能说出前5名机器人的名字、制造学校及其所在城镇吗？

线索

1. 获得第1名的机器人叫马文，电视展(和一个收音机展，以及一些书展)中他在一个机器人后面。由豪格特学校的学生制造的机器人得了第5名，但它认为有40多名对手，所以第5名还不是很差，它不是那个能按照预先设计的行走轨迹前进的叫罗伯凯特的机器人。
2. 亭·莉齐由希拉里学校的学生设计并制造，乔科塞罗斯(它的形状像恐龙并由舢板制造)的最终名次排在查尔科洛镇的学校的机器人的后面，而在格林费德学校制造的机器人前面。
3. 获得第4名的机器人由格立特福特的一所学校制造。
4. 获得第3名的不是在福林特维尔镇制造的机器人。
5. 埃塞穆博士是山蒂布瑞镇的基尔·希尔学校的优秀教师，他对机器人制造很热心，并给了他的学生很多鼓励。
6. 马特恩镇的学生所设计的机器人采用模糊控制，并被命名为安·安德。

		机器人					学校					城镇				
		安·安德	乔科塞罗斯	马文	罗伯凯特	亭·莉齐	格林费德	豪格特	基尔·希尔	帕瑞尔·帕克	希拉里	查尔科洛镇	福林特维尔镇	格立特福特镇	马特恩镇	山蒂布瑞镇
	第1名															
	第2名															
	第3名															
	第4名															
	第5名															
城镇	查尔科洛镇															
	福林特维尔镇															
	格立特福特镇															
	马特恩镇															
	山蒂布瑞镇															
学校	格林费德															
	豪格特															
	基尔·希尔															
	帕瑞尔·帕克															
	希拉里															

050 送午餐

一名送餐员来到某家公司的接待处，为这里的职员送来他们预订的午餐。根据下面的信息，你能说出谁订购了什么及他们所在的部门吗？他们还预订了其他什么食物吗？

线索

1. 接待处和销售部的人订购的不是奶酪三明治和胡萝卜蛋糕，洁尼在接待处工作，但她订的不是鸡蛋三明治。
2. 玛丽亚不在行政部工作，她和订鸡肉三明治的那个人都没有要橘子汁。
3. 火腿三明治是会计部职员订的。
4. 艾莉森订了巧克力甜饼。
5. 油炸圈饼是人事部订的一部分食品。
6. 科林要了金枪鱼三明治。

	会计部	行政部	人事部	接待处	销售部	火腿三明治	奶酪三明治	鸡肉三明治	鸡蛋三明治	金枪鱼三明治	胡萝卜蛋糕	巧克力甜饼	油炸马铃薯片	油炸圈饼	橘子汁
艾莉森															
科林															
加里															
洁尼															
玛丽亚															
胡萝卜蛋糕															
巧克力甜饼															
油炸马铃薯片															
油炸圈饼															
橘子汁															
火腿三明治															
奶酪三明治															
鸡肉三明治															
鸡蛋三明治															
金枪鱼三明治															

名字	部门	三明治	其他食物

051 沿下游方向

诺福克的洛特河是著名的波罗兹的一部分，4个勇敢的海员家庭把他们的船停在了几家不同旅店的停泊处。根据下面的信息，你能填出图表中每个家庭的名字、所拥有的船只名，以及所停泊的旅店名吗？

线索

1.费希尔的船停泊在挪亚方舟处，斯恩费希的停泊处在挪亚方舟处的左边。

2.帕切尔号停在狗和鸭码头。

3.C位置上的旅店叫升起的太阳，停泊在那里的船不属于罗德尼家庭，也不是南尼斯号。

4.在最右边的船属于凯斯一家。

家庭：____ ____ ____ ____

船：____ ____ ____ ____

旅店：____ ____ ____ ____

家庭：德雷克，费希尔，凯斯，罗德尼

船名：罗特斯，南尼斯，帕切尔，斯恩费希

旅店：钓鱼者休息处，狗和鸭，挪亚方舟，升起的太阳

提示：先找出A位置上的船的名字。

052 路径逻辑（四）

运用你的逻辑推理能力找出一条路径，使之符合以下条件：从"开始"到"结束"，可以水平也可以垂直方向。各行各列的起始处的数字代表这行或这列所必须经过的格子数。下面是一个简单的例子。

开始

	2	4	3	4
4				
3				
3				
3				

结束

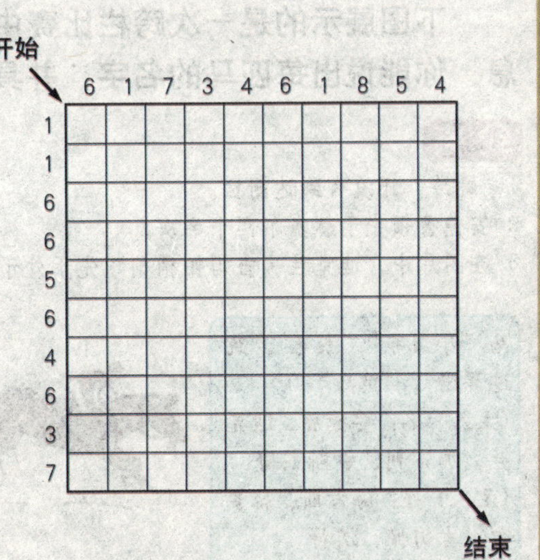

053 杰克和吉尔

无论杰克和吉尔去哪里或者做什么，他们都喜欢为自己找些借口，比如为了取一桶水而爬上山。根据下面的信息，你能说出星期一到星期四他们从小屋出发所走的方向、目的地以及去每个地方的原因吗？

线索

1. 在沿2号方向前进的第二天他们爬了山，说是为了打水。
2. 星期四他们去了草地，对昏昏欲睡的小男孩布鲁也视而不见。
3. 他们说朝4号方向前进是去清理茶匙。
4. 他们为星期三的旅行找的借口是去喂猫，那天他们走的不是1号方向。
5. 他们为去河边找的借口不是割卷心菜。

日期：星期一，星期二，星期三，星期四
位置：河边，草地，树林，山上
活动：割卷心菜，清理茶匙，喂猫，取水

提示：先找出他们在哪一天上山。

054 跨栏比赛

下图展示的是一次跨栏比赛中冲刺阶段的前4匹马。根据下面的信息，你能说出每匹马的名字，并具体描述每匹马的主人吗？

线索

1. “跳羚”还没有到达栅栏。
2. 安德鲁领先于赫多尔两个名次。
3. 在图片中，迪克兰·吉姆帕稍稍领先于处于跨栏阶段的“杰克”。
4. 海吉斯是那个正在跳栏的职业赛马师。
5. 加百利所骑的“跳过黑暗”在当时的比赛中稍稍落后于沃特的马。

马：“小瀑布”，“杰克”，“跳过黑暗”，“跳羚”
(主人)名：安德鲁，迪克兰，加百利，吉斯杰姆
(主人)姓：海吉斯，赫多尔，吉姆帕，沃特

提示：先找出骑4号马的人的姓。

055 赫尔墨斯计划

美国国家航空航天局的赫尔墨斯计划是关于探索月球暗面（即总是背对地球的那一面）的，此项计划涉及登陆月球的5艘两人座单程赫尔墨斯号航天器。从以下给出的线索中，你能推断出每艘赫尔墨斯号上被选为队长和飞行员的宇航员是谁、要求他们降落的地点是哪里吗？

线索

1.美国海军上校雷·塞奇被选为赫尔墨斯号的飞行员。他所在的赫尔墨斯号编号比另一艘大两个数字。后者是一艘由来自美国空军的“野马”托勒尔少校指挥的赫尔墨斯号飞船。它将着陆在名叫奎特麦斯的环形山旁。

2.赫尔墨斯1号按照计划将停靠在名为盖洛克角的环形山旁。

3.停靠在马文山阴影处的赫尔墨斯号的编号在来自美国海军的普拉德上校指挥的赫尔墨斯号之后。

4.来自美国海军的“博士”李少校被选为赫尔墨斯号的队长，而来自美国陆军的罗斯科少校担任飞行员。但他们都不在赫尔墨斯1号上。

5.赫尔墨斯3号将由来自美国海军的乃尔特中尉指挥。他的飞行员不是来自美国陆军的尼古奇上校。

6.来自美国海军的亚当斯少校不是按照计划会挨在约翰卡特环形山停靠的那艘赫尔墨斯号的飞行员。来自美国陆军的卡斯特罗上校的队长姓高夫。

		队长					宇航员									
		高夫中校	乃尔特中尉	李少校	普拉德上校	托勒尔少校	亚当斯少校	卡斯特罗上校	雷·塞奇上校	尼古奇上校	罗斯科少校	约翰卡特	埃特莱茨山	马文山	盖洛克角	奎特麦斯
	赫尔墨斯1号															
	赫尔墨斯2号															
	赫尔墨斯3号															
	赫尔墨斯4号															
	赫尔墨斯5号															
	约翰卡特															
	埃特莱茨山															
	马文山															
	盖洛克角															
	奎特麦斯															
宇航员	亚当斯少校															
	卡斯特罗上校															
	雷·塞奇上校															
	尼古奇上校															
	罗斯科少校															

056 骑士的马

每位骑士心中都会有个想法，那就是要买一匹跑得很快的战马，以使自己免受跋涉之苦。根据下面的信息，你能说出每位骑士的购马时间、马匹颜色以及每匹马的缺陷吗？

线索

1.索勒·阿·弗瑞迪爵士要买一匹战马和车马的杂交马，它拥有战马的外表以及车马的性情，他买到这匹马是在黑马被卖出之后。

2.特美德·得·什科爵士在星期四买了匹马。

3.斯拜尼立斯·德·费特爵士也买了一匹马，第二天，那匹患有关节炎的栗色马也被卖出去了。

4.有一匹马因为患有严重的白内障，视力很差，所以它跑的很慢，但是它最终的主人不是鲍特恩·阿·格斯特爵士。

5.星期三卖出去的那匹马一条腿短，其他三条腿长。

6.考沃德·德·卡斯特爵士所买的新马是匹花斑马，一匹老马在第二天也被人买走了。

7.在星期一交易的是匹褐色马。

	星期一	星期二	星期三	星期四	星期五	褐色	黑色	栗色	灰色	花斑	关节炎	白内障	杂交马	一条腿短	老马
考沃德·德·卡斯特爵士															
鲍特恩·阿·格斯特爵士															
索勒·阿·弗瑞迪爵士															
斯拜尼立斯·德·费特爵士															
特美德·得·什科爵士															
关节炎															
白内障															
杂交马															
一条腿短															
老马															
褐色															
黑色															
栗色															
灰色															
花斑															

057 曼诺托1号

下图展示了太空船曼诺托1号控制舱中的4名工作人员的位置。根据下面的线索，你能找出每名成员的名字、军衔以及在曼诺托1号中做何种工作吗？

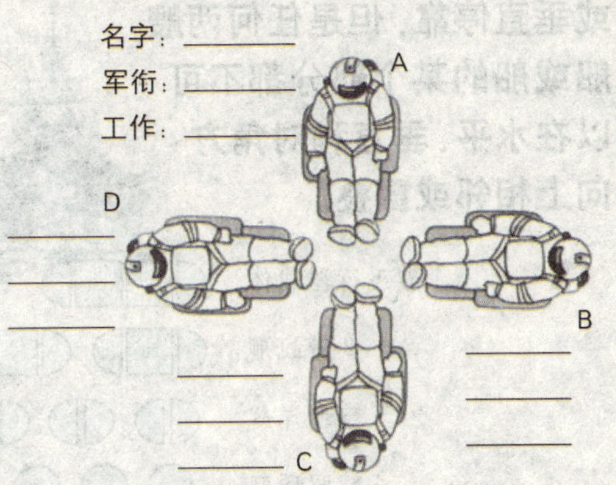

线索

1.弗朗茨·格鲁纳工程师坐在陆军少校的对面。
2.A位置上的军官是罕克·吉米斯，他不是军医。
3.空军上校在B位置上。
4.萨姆·罗伊斯的顺时针方向上是尤瑞·赞洛夫。
5.坐在C位置上的宇航员不是海军司令官。

名字：弗朗茨·格鲁纳，罕克·吉米斯，萨姆·罗伊斯，尤瑞·赞洛夫
军衔：空军上校，陆军少校，海军司令官，海军上尉
工作：宇航员，工程师，军医，飞行员

提示：先找出弗朗茨·格鲁纳的位置。

058 势单力薄的警察们

4个警察在执行一项镇压示威游行的任务，他们试图用警戒线隔离人群。在行动后期每个人的身体都受到了的伤害，那种折磨让他们难以忍受。根据下面的信息，你能分辨出1～4号警官并说出他们所受到的伤害吗？

线索

1.时刻紧绷的神经使2号警官的肩膀都麻木了，这个让他感觉很不舒服。
2.内卫尔的鼻子痒得厉害，但他不能去抓，因为卡弗的左手紧紧抓着他的右手。
3.图片上这群势单力薄的警察中，布特比亚瑟更靠左边，艾尔莫特站在格瑞的右面，中间隔了一个位置。
4.斯图尔特·杜琼和有鸡眼的警官之间隔了一个人。

名：亚瑟，格瑞，内卫尔，斯图尔特
姓：布特，卡弗，艾尔莫特，杜琼
问题：鸡眼，肩膀麻木，发痒的鼻子，肿胀的脚

提示：先找出4号警官的姓。

059 战舰（九）

这道题是按照一个古老的战舰游戏设计的，你的任务是找出表格中的船。方格中已填入了几个代表海或某种船的局部的图案，而紧靠行和列边上的数字表示这行或这列被占的方格总数。船和船之间可以水平或垂直停靠，但是任何两艘船或船的某个部分都不可以在水平、垂直和对角方向上相邻或重叠。

1 艘飞行器载体：

2 艘战舰：

3 艘巡洋舰：

4 艘驱逐舰：

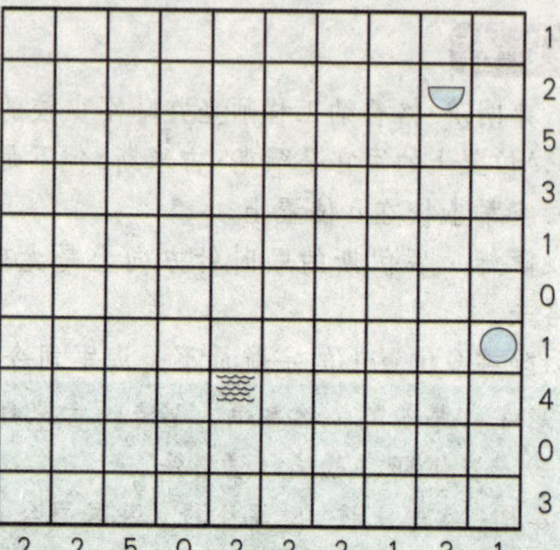

060 抓巫将军

在17世纪中期，“抓巫将军”马太·霍普金斯主要负责杀死那些被人们认为是巫婆或者巫师的人，其中有3个巫婆来自思托贝瑞附近的乡村。根据下面的信息，你能说出每个巫婆的名字、绰号，以及各自的家乡和具有法力的时间吗？

线索

1. 艾丽丝·诺格斯被称为“诺格斯奶奶”是很自然的事情。
2. 马太·霍普金斯在1647年在盖蒙罕姆抓到了一个女巫并把她送到了法院接受审判。
3. “蓝鼻子母亲”不是在1648年被确定为女巫，也不是来自里球格特乡村，一生居住在这个乡村的也不是克莱拉·皮奇。
4. 1649年，经抓巫将军证实，“红母鸡”是一个和魔鬼勾结在一起的女巫；从希尔塞德抓到的那名妇女被证实是女巫，随后的第二年伊迪丝·鲁乔也被确认为女巫。

	绰号			家乡					
	“诺格斯奶奶”	“蓝鼻子母亲”	“红母鸡”	盖蒙罕姆	希尔塞德	里球格特	1647年	1648年	1649年
艾丽丝·诺格斯									
克莱拉·皮奇									
伊迪丝·鲁乔									
1647年									
1648年									
1649年									
家乡 盖蒙罕姆									
家乡 希尔塞德									
家乡 里球格特									

061 美丽的卖花姑娘

这里有5个卖花女的详细情况，根据下面的信息，你能说出她们所卖花的种类、价格以及卖花地点吗？

	卡文特花园街	黑玛科特大街	牛津街	皮科第立大街	斯杰德大道	石南花	薰衣草	伦敦国花	玫瑰	紫罗兰	1美分	2美分	3美分	4美分	5美分
汉纳															
梅															
内尔															
奎尼															
莎拉															
1美分															
2美分															
3美分															
4美分															
5美分															
石南花															
薰衣草															
伦敦国花															
玫瑰															
紫罗兰															

线索

1. 梅在斯杰德大道卖花，她的花比莎拉的花便宜1美分，薰衣草在卡文特花园街的价格是莎拉所卖花的价格的两倍。
2. 奎尼不在卡文特花园街卖花。
3. 玫瑰的价格比紫罗兰的价格贵。
4. 汉纳卖的是紫罗兰。
5. 在皮科第立大街卖的花不是玫瑰，也不是2美分一束的石南花。
6. 在黑玛科特大街卖的花比在牛津街卖的花贵。

卖花女孩	地点	花的种类	价格

062 结婚趣事

最近举办了一场很受欢迎的家庭意外情况录像展，有一些从婚礼录像剪辑出来的片段。根据下面的信息，你能说出录像带中每段录像的顺序、新娘和新郎的名字，以及每段录像所记录的意外情况是什么吗？

线索

1.第1段录像记录的不是牧师读错帕姆名字的时刻，第2段录像也和歌弗没有关系。

2.彭妮是第3段录像中那个倒霉的新娘。录像中琳达没有嫁给歌弗。

3.第4段录像中，新郎查尔斯忘记了带戒指，另一位尴尬的新郎鲍勃和新娘在招待会中在舞场滑倒。

4.拍摄加玛和克莱夫婚礼的那段录像就在拍摄乔斯婚礼的录像前。

5.一段录像记录了安德鲁在看到他的婚礼蛋糕掉在地上时所表现出的惊骇表情，该段录像在与琳达有关的那段录像的前面。

6.在圣坛昏倒的不是乔斯。

	新娘					新郎									
	加玛	帕姆	彭妮	琳达	乔斯	安德鲁	鲍勃	查尔斯	克莱夫	歌弗	新郎忘带戒指	新娘昏倒	蛋糕倒地	在舞场滑倒	牧师读错名字
第1段															
第2段															
第3段															
第4段															
第5段															
新郎忘带戒指															
新娘昏倒															
蛋糕倒地															
在舞场滑倒															
牧师读错名字															
新郎 安德鲁															
鲍勃															
查尔斯															
克莱夫															
歌弗															

063 英格兰的旗舰

1805年10月21日，罗德·纳尔逊在战役中不幸受伤，他在特拉法尔战役中战胜了法国舰队。他的旗舰的名字由16个字母组成，根据下面的信息，你能在每个小方框中填出正确的字母吗？

线索

1. 任何两个水平、垂直或对角线方向上的相邻字母都不同。
2. V在R下面的第二个方框内，并在C的左边第二个方框内。
3. L不在A2位置，也不在最后一行。
4. 其中一个A在D3位置上，但没有一个R在D4位置上。
5. A4和C2中的字母相同，紧邻在它们下面的方框内的字母都是元音字母。
6. G在I所在行的上面一行。
7. O就在T上面的那个位置，在Y下面一行的某个位置，而Y在与O不同的一列的顶端。

要填的16个字母：A，A，A，C，F，G，I，L，O，R，R，R，T，T，V，Y

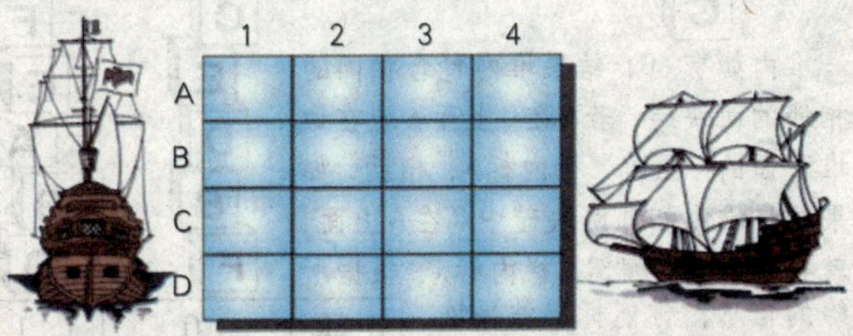

提示：先找到V的位置。

064 龙拥有者俱乐部

龙拥有者俱乐部是为那些拥有多里卡特·龙跑车的人创办的，这些车都在1930～1955年之间制造。开始时没有多少位车主加入俱乐部，下图展示的是幸存的4辆在1940年之前制造的跑车。根据下面的线索，你能说出每辆车的主人、颜色以及制造时间吗？

线索

1. D号车是辆红色的龙跑车，它的主人不是加里·合恩，也不是1934年制造的。
2. B号车在1938年由多里卡特工厂制造，当时他们没有生产线。
3. 特德·温的车在黄色跑车和1932年生产的车之间。
4. 伦·凯斯的跑车被漆成深绿色，曾被认为是绿色英国跑车，该车不是A号车。
5. C号车不是蓝色的。

跑车主人：克里斯·丹什，加里·合恩，伦·凯斯，特德·温
跑车颜色：蓝色，绿色，红色，黄色
制造时间：1932，1934，1936，1938

提示：先找出特德的车的颜色。

065 堆积（六）

下面的砖堆并不是孩子们玩耍时随意堆砌的，而是暗示了右边空白砖堆的最终结果，和其他砖堆一样，空白的一堆内有6块砖，每块上标有字母A，B，C，D，E，F中的一个，且各不相同。砖堆下面的数字告诉你两个信息：

1.每堆内符合以下条件的砖对数：这堆中相邻的砖对在结果中仍相邻，且顺序相同。

2.每堆内符合以下条件的砖对数：这堆中相邻的砖对在结果中仍相邻，但顺序颠倒。

如：

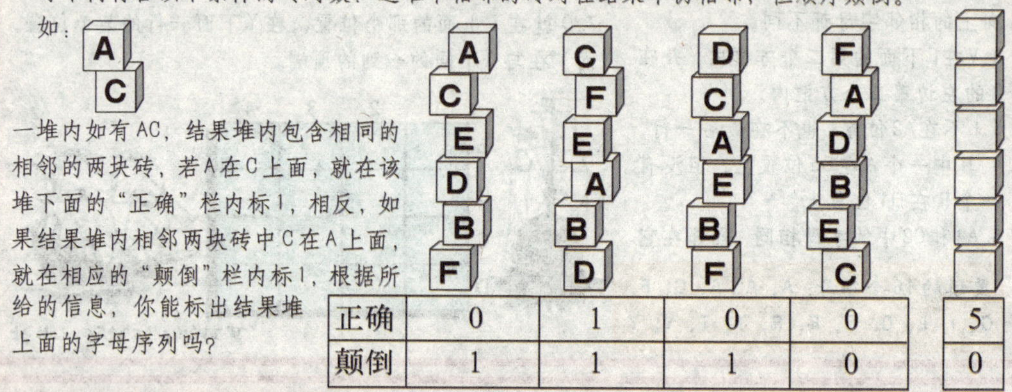

一堆内如有AC，结果堆内包含相同的相邻的两块砖，若A在C上面，就在该堆下面的“正确”栏内标1，相反，如果结果堆内相邻两块砖中C在A上面，就在相应的“颠倒”栏内标1，根据所给的信息，你能标出结果堆上面的字母序列吗？

正确	0	1	0	0	5
颠倒	1	1	1	0	0

066 谁的房子

始建于17世纪的别墅风格别具特色。根据下面的线索，你能分别说出1～4号每栋别墅的名字、建造时间，以及现在主人的名字吗？

线索

1.佛乔别墅现在属于丽贝卡·德雷克，2号房产在该栋别墅之后建造。

2.巴兹尔·布立维特拥有的别墅沿顺时针方向与狗和鸭建筑相邻，而后者至今仍然是一家酒吧。

3.詹姆士·皮卡德那栋始建于1685年的别墅不是曼纳小屋。

4.在最东面的不是建于1708年的瑞克特立建筑。

5.最晚建造的那所房子不是史密塞斯上校的财产。

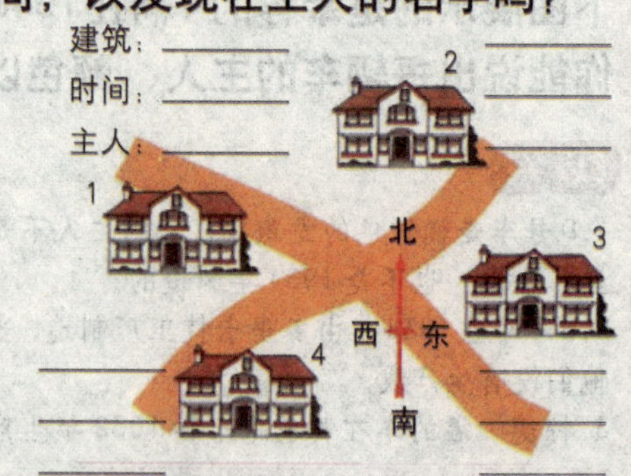

房子：狗和鸭建筑，佛乔别墅，曼纳小屋，瑞克特立建筑

时间：1610，1685，1708，1770

主人：巴兹尔·布立维特，史密塞斯上校，詹姆士·皮卡德，丽贝卡·德雷克

提示：先找出佛乔别墅的建造时间。

067 录像带

5位常客分别在上周的不同时间里从录像馆租了一盘录像带。根据下面的线索，你能找出每天光顾的顾客的全名以及他（她）所借的录像带吗？

线索

1.辛尼塔在福特去录像馆前一天租借了《波力沃德浪漫史》。

2.安布罗斯·耶茨比租借动作片的那位顾客早去录像馆。

3.著名的音乐电影在星期三被借走了。

4.马伦在星期一借了一盘录像带，因为那天晚上他不打算出去了。

5.海伦离开录像馆后，电视喜剧系列也被借出去了。

6.狄克逊比卡彭特早一天租借了一盘录像带。

	名：安布罗斯	盖尔	海伦	马伦	辛尼塔	姓：卡彭特	狄克逊	埃杰特恩	福特	耶茨	动作片	《波力沃德浪漫史》	音乐电影	电视喜剧系列	西方经典剧
星期一															
星期二															
星期三															
星期四															
星期五															
动作片															
《波力沃德浪漫史》															
音乐电影															
电视喜剧系列															
西方经典剧															
姓：卡彭特															
狄克逊															
埃杰特恩															
福特															
耶茨															

时间	名	姓	录像带

068 体育记者

5名《新闻日报》的体育记者都已经在各自岗位工作很多年了，尽管每个人工作的时间不一样。根据以下线索，你能找出每个人的全名、各自负责报道的体育项目以及在这个报社工作的时间吗？

线索

1．塞西尔在《新闻日报》主要负责报道板球项目，他比普雷弗尔早两年工作。

2．有一名体育记者的笔名是迈尔斯·格莱特立。

3．盖姆科克为《新闻日报》写了20年的文章，他负责的不是球类项目。

4．负责报道足球项目的那名记者18年前就加入了《新闻日报》。

5．菲尔丁在《新闻日报》里主要负责报道橄榄球项目，他的名字不是弗瑞兹。

6．埃德加已经在这家报社工作了22年，但他不是拳击项目的记者。

	姓：菲尔丁	盖姆科克	格莱特立	普雷弗尔	温斯姆	拳击	板球	足球	跑马	橄榄球	16年	18年	20年	22年	24年
名：本															
塞西尔															
埃德加															
弗瑞兹															
迈尔斯															
16年															
18年															
20年															
22年															
24年															
拳击															
板球															
足球															
跑马															
橄榄球															

名	姓	项目	年数

069 穿过通道

在机动车道上的 4 辆汽车正要穿过通道。根据以下线索，你能说出1～4号每辆车的驾驶员姓名、车的颜色以及车牌号吗？

线索

1. 黄车的车牌号是27，它在菲利普所开那辆车的前面。
2. 2 号位置车的车牌号是 15。
3. 曼纽尔的车在 38 号车的后面某个位置，38 号车不在 3 号位置。
4. 汉斯的车紧跟在绿车后面。
5. 红车紧跟在安东尼奥的车后面。

司机：安东尼奥，汉斯，曼纽尔，菲利普
颜色：蓝色，绿色，红色，黄色
车牌号：9，15，27，38

提示：先找出第一辆车司机的名字。

070 填空（六）

要求每行每列上均有字母 A，B，C，D，E，同时，在粗线条构成的图形里，也要有字母 A，B，C，D，E。你能做到吗？

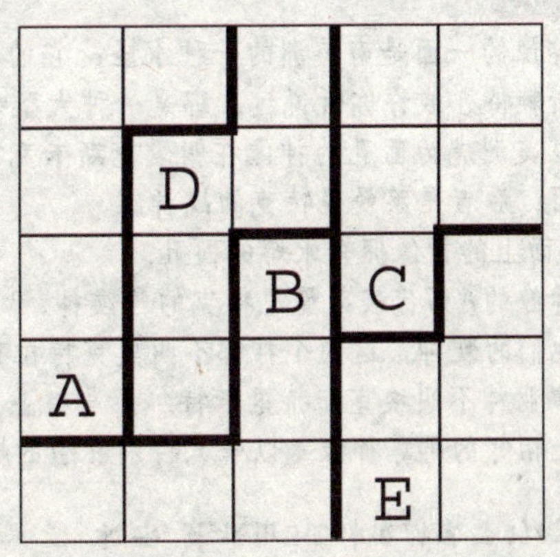

071 在沙坑里

在操场的一个角落里有一个沙坑，4位母亲站在沙坑的四周（A，B，C，D），看着自己的孩子在沙坑里（1，2，3，4）玩耍。根据下面的信息，你能分别说出这8个人的名字，并给他们配对吗？

线索

1.站在C位置上的不是汉纳，她的儿子站在顺时针方向上爱德华的旁边。
2.卡纳在4号位置上，而他的母亲不在B位置。
3.詹妮的孩子在3号位置。
4.丹尼尔是莎拉的儿子，他在逆时针方向上的雷切尔儿子的旁边，而雷切尔站在D位置。
5.没有一个孩子在沙堆里的位置与各自母亲的位置相对应。

提示：先找到卡纳的母亲。

072 神像

英国著名的考古学家琼斯在南美考古时，发现了一尊公元前700年的四面神像。根据下面的线索，你能填出神像上每个面的动物面孔、所代表的神，以及在莱曼尼特克文化中掌管的领域吗？

线索

1.神像的一面是南美洲的一种水怪，它的名字叫乌卡特克斯赖特。或许你听说过，那是一种大型啮齿动物。
2.以美洲虎为面孔的神像在叫爱克斯卡克斯特的神像的反面，后者是莱曼尼特克的战神。
3.D面上的神像拥有水蟒的面孔。
4.神像的A面代表莱曼尼特克的气候神，B面的面孔不代表他们的爱神，这两个神都不叫奥克特拉克斯特。
5.事业神不叫埃克斯特里卡特尔，与事业神在顺时针方向上相邻的那尊神像是以一只特别丑陋的蝙蝠为面孔。

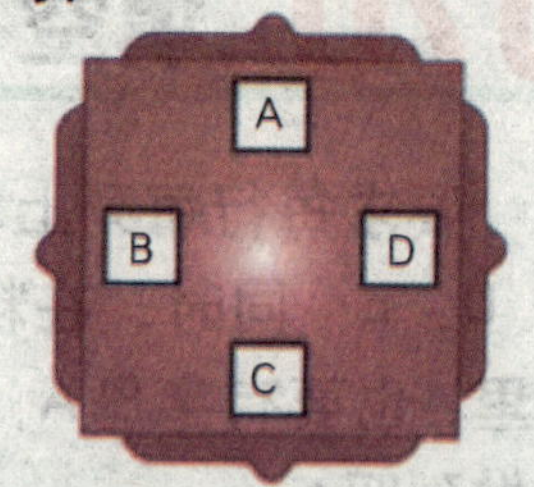

面孔：水蟒，蝙蝠，水怪，美洲虎
名字：埃克斯特里卡特尔，爱克斯卡克斯特，奥克特拉克斯特，乌卡特克斯赖特
所管领域：事业，爱情，战争，气候

提示：先找出B面神像所掌管的领域。

073 乡村拜访

有一年的夏天，我们琼斯俱乐部的5位成员分别接受了5位年轻女士的邀请，在她们的家乡待了一段时间。根据所给信息，你能找出每位成员的名字、分别在乡村所待的时间，以及所去的地点吗？

线索

1. 一名成员拜访的是佩勒姆城堡，这座城堡正是莉莉·格琼非常讨厌的家庭乡村宅第式风格，她在那里所待的时间比爱德华·坦克瑞旅行的时间多一天。
2. 有“英国最破败的家宅”之称的尼尔森会堂的那位访客离开伦敦的时间比西尔玛·波维尔的未婚夫长。
3. 鲁珀特·德·格雷花5天时间所拜访的那处房产不归艾米丽·德·卡斯爸爸所有，他的那次拜访很不愉快。
4. 杰拉尔德·亨廷顿的旅行时间比他的朋友在鲁佛尔德·阿比待的时间多2天，这两天很折磨人。
5. 阿齐·弗茨林汉拜访了莫尼卡·史密斯的父母，但只在那里呆了不到一周。
6. 蒙田格·福利尔特随同他的爱人在豪特恩公园拜见了她的父母，他必须每天早晨端坐一小段时间去听她爸爸讲有关政治方面的事。
7. 一名成员在瓦格雷地所过的6天实在是很无聊。

	女士：艾米丽·德·卡斯	桂纳史·派克·琼斯	莉莉·格琼	莫尼卡·史密斯	西尔玛·波维尔	3天	4天	5天	6天	7天	豪特恩公园	尼尔森会堂	佩勒姆城堡	鲁佛尔德·阿比	瓦格雷地
男士：阿齐·弗茨林汉															
爱德华·坦克瑞															
杰拉尔德·亨廷顿															
蒙田格·福利尔特															
鲁珀特·德·格雷															
豪特恩公园															
尼尔森会堂															
佩勒姆城堡															
鲁佛尔德·阿比															
瓦格雷地															
3天															
4天															
5天															
6天															
7天															

琼斯俱乐部成员	年轻女士	拜访时间	地点

074 鬼屋

如果你打算找一处乡下的房子，你或许可以考虑巴赛特郡的5幢房子，具体如下所述。当然，如果你认为住鬼屋不是个好主意，它们自然不在你的考虑范围内。从以下给出的线索中，你能推算出各幢房子的所在地、目前的价钱和其间出没的东西吗？

线索

1. 传说有修女的幻影出没的房子位于大韦斯特佰斯村或小韦斯特佰斯村，它的价格比名叫“柳树梢”的房子贵5 000英镑。
2. 名为“美丽风景”的那幢房子叫价低于27万英镑，位于莱士兰德高街。
3. 在劳雷尔住宅里经常可以看到一只鹦鹉在一楼的走廊上飞来飞去，传说它是18世纪时此房子主人的宠物。
4. 在拿士迈尔，传说房子里有一个吉普赛女郎的鬼魂经常通过厨房的窗户往外窥视，那幢房子不是最便宜的。
5. 叫勃宣普斯的那幢房子不是最贵的。传说最贵的那幢房子里有个吊死鬼出没。据说那个吊死鬼叫萨姆·丹捷斐尔德，他是一个退役的雇佣兵，因为拦路抢劫在1769年被吊死在巴切斯特。
6. 在大韦斯特佰斯的那幢房子比在小韦斯特佰斯的要便宜1万多英镑。

	大韦斯特佰斯	小韦斯特佰斯	拿士迈尔	莱士兰	德温司丹	25万英镑	25.5万英镑	26万英镑	27万英镑	27.5英镑	狗	吉普赛女郎	吊死鬼	修女	鹦鹉
勃宣普斯															
“美丽风景”															
劳雷尔住宅															
“小树林”															
“柳树梢”															
狗															
吉普赛女郎															
吊死鬼															
修女															
鹦鹉															
25万英镑															
25.5万英镑															
26万英镑															
27万英镑															
27.5英镑															

房屋	所在地	价格	鬼魂

075 新来的人

泰克斐尔德·圣·安德鲁是萨福克郡上一个有趣的镇，它的居民非常保守——他们始终认为几年前搬来的退休的伦敦人是“新来的人”。从以下给出的线索中，你能推断出这些“新来的人”来自伦敦哪里、在镇里住了多久、现在的家在哪里吗？

线索

1. 住在牧场的沃尔特·杨，不是那个以前在艾林特居住和工作的伦敦人。
2. 以前家在帕丁顿火车站后面的那个人，居住在泰克斐尔德·圣·安德鲁的时间比艾伦·布拉德利的要长。
3. 怀特盖茨村的那个“新来的人”居住时间已经超过8年了。
4. 其中一个“新来的人”已经在罗斯村住了16年了。

	前住址						现住址		
	柏特斯	艾林特	帕丁顿	8年	11年	16年	牧场	罗斯村	怀特盖茨村
艾伦·布拉德利									
梅维斯·诺顿									
沃尔特·杨									
现住址 牧场									
罗斯村									
怀特盖茨村									
8年									
11年									
16年									

076 百岁老人

斯多布里的山楂牧场住着3位百岁老人。从以下给出的线索中，你能推断出每位百岁老人的全名、他们搬去山楂牧场前居住的村庄和他们搬家的时间吗？

线索

1. 名叫西尼尔的住户搬到山楂牧场的时间，比曾住在莫博里的那个人迟。
2. 亨利以前是位农场工人，搬来山楂牧场前他一直生活在威逊韦尔。
3. 玛格丽特·格雷经营着一家乡村邮局。
4. 在1995年搬家的人姓艾尔德，但不叫戴西。

	姓								
	艾尔德	格雷	西尼尔	莫博里	布莱伍德	威逊韦尔	1985年	1990年	1995年
名 戴西									
亨利									
玛格丽特									
莫博里									
布莱伍德									
威逊韦尔									
1985年									
1990年									
1995年									

077 寻找骨牌（六）

一副标准形式的骨牌已经展开，为了清楚起见，它使用数字而非点数来表示。用你尖锐的笔尖和灵活的脑瓜，你能把每个骨牌都找出来吗？你会发现这些格子对你非常有帮助。

2	5	1	1	1	2	0	6
5	0	6	6	5	3	4	4
2	3	4	5	2	5	4	2
1	1	6	5	2	5	0	4
0	0	4	5	3	3	3	2
6	6	6	3	3	2	1	6
4	1	0	0	0	1	4	3

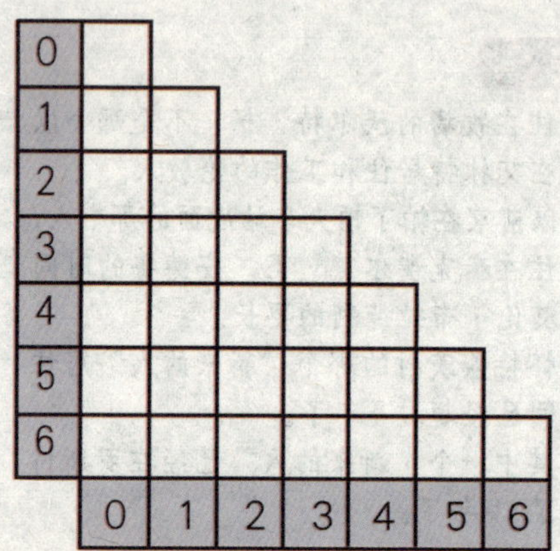

078 退货

百货商店里，有4位不满意的顾客排队等在退货柜台边。从以下给出的线索中，你能将图中每位女士的全名和所要退的货填写出来吗？

线索

1. 希拉·普里斯不是那位排在第3位、并要求退一条牛仔裤的女士。
2. 想退有问题的烤箱的那位女士不是夏普夫人。
3. 马里恩退的是一个一点都不能旋转的旋转式剪草机。
4. 希瑟排在第4位，她不是克拉普夫人。
5. 特威德夫人排在第1位。

名：马里恩，希拉，卡罗尔，希瑟
姓：特威德，普里斯，克拉普，夏普
退货：剪草机，烤箱，牛仔裤，手提箱

提示：首先推断出排在第3位的女士的名字。

079 中断的演出

每年夏天，斯多博雷戏剧爱好者协会（SADS）都会在城镇或其附近的露天场地表演莎士比亚的一部著作。但是到目前为止，还没有一部作品能完整地演完。从以下给出的线索中，你能推算出最近5年里每年上演的是哪部莎士比亚剧、在哪里演出、是什么原因使演出中断吗？

线索

1.因电力方面的失误导致所有的舞台灯光都熄灭而中断表演的那场户外演出之后，SADS又打算把《裘力斯·凯撒》推出作露天表演。

2.《暴风雨》是在1999年表演的。

3.命运多舛的《罗密欧与朱丽叶》的户外表演，比SADS推出的另一部莎翁著作要早。那部莎翁著作是在贝迹维欧公园上演的，并且只演了一半。

4.《奥赛罗》的演出因一场突来的浓雾致使演员们互相看不到对方而过早停演。它比SADS在国家公园的演出要早。

5.SADS在万圣教堂周围的空地上演的户外表演不是在1998年。

6.2000年特别的千禧年演出因一阵突来的大风吹走了舞台布景而遭到破坏。

7.因暴雨中断的演出不是在2001年举行的，也不是在2002年斯多博雷足球爱好者俱乐部的球场举行的。

	《哈姆雷特》	《裘力斯·凯撒》	《奥赛罗》	《罗密欧与朱丽叶》	《暴风雨》	贝迹维欧公园	教堂周围的空地	国家公园	足球场	小修道院的草地	灯光熄灭	雾	大风	冰雹	暴雨
1998年															
1999年															
2000年															
2001年															
2002年															
灯光熄灭															
雾															
大风															
冰雹															
暴雨															
贝迹维欧公园															
教堂周围的空地															
国家公园															
足球场															
小修道院的草地															

080 双胞胎姐妹

有5对双胞胎姐妹，其中每一对都如此相似：她们都没有结婚，都找了相同的工作。从以下给出的线索中，你能推断出每对姐妹的姓名以及她们的谋生方式吗？

线索

1. 安德里亚和里贾纳都不是宠物园主。
2. 厄休拉的双胞胎妹妹是菲奥纳，她们的姓不是博伊德。
3. 姓凯利的双胞胎中姐姐的名字和姓卡尔的双胞胎姐妹之一的名字一样长。
4. 泰拉·威尔莫特不是美容师，琳达才是。
5. 姓博伊德的双胞胎姐妹的名字都不是元音字母开头的。
6. 伊丽莎白·卡尔的职业不是古董经销商。
7. 维姬和她的双胞胎姐妹都是女警察，她们的姓比苏茜的短。

		妹妹					姓									
		菲奥纳	里贾纳	苏茜	泰拉	维姬	博伊德	卡尔	凯利	马洛	威尔莫特	古董经销商	美容师	宠物园主	女警察	教师
姐姐	安德里亚															
	卡珊德拉															
	伊丽莎白															
	琳达															
	厄休拉															
	古董经销商															
	美容师															
	宠物园主															
	女警察															
	教师															
姓	博伊德															
	卡尔															
	凯利															
	马洛															
	威尔莫特															

名（姐姐）：安德里亚（Andrea），卡珊德拉（Cassandra），伊丽莎白（Elizabeth），琳达（Linda），厄休拉（Ursula）

名（妹妹）：菲奥纳（Fiona），里贾纳（Regina），苏茜（Susie），泰拉（Tara），维姬（Vicky）

姓：博伊德（Boyd），卡尔（Carr），凯利（kelly），马洛（Marlow），威尔莫特（Wilmott）

姐姐	妹妹	姓	职业

081 叠纸牌

4个小朋友分别用不同颜色的纸牌成功地叠出了纸房子，但每个人叠的层数不同。从以下给出的线索中，你能叫出4个人的名字，并说出他们各自所用的纸牌背景颜色和分别叠了几层吗？

线索

1. 使用绿色纸牌的夏洛特，坐在叠到5层的那个朋友对面。
2. 座位2的那个女孩用纸牌叠到4层高。
3. 安吉拉用的不是黑色的纸牌。
4. 在座位3用蓝色纸牌的女孩，她叠的房子没有用红色纸牌的女孩叠的高。
5. 罗斯是最成功的建筑师，在坍塌之前，她叠到第7层。她不是坐在座位4。

名字：安吉拉，夏洛特，罗斯，蒂娜
纸牌颜色：黑，蓝，绿，红
层数：4，5，6，7

提示：请先把罗斯的位子找好。

082 书报亭

位于巴黎塞纳河左岸的公开市场里有4家书亭，4位顾客正在向各家书亭购买不同种类的书。从以下给出的线索中，你能说出书亭主人的名字、在1～4号书亭购书的顾客的名字以及他们买的是什么书吗？

线索

1. 威廉正在买书的那个书亭在波莱特经营的书亭的西边某个位置。卖字典的书亭的东边。
2. 乔·埃尔刚买了诗集，但不是从艾兰恩那里买来的。
3. 小说是在3号书亭购得的。
4. 雅克的顾客是阿曼裕。
5. 传记是在玛丽安的书亭购得的，她的书亭在斯尔温买书的那个书亭的西边。

亭主：艾兰恩，雅克，玛丽安，波莱特
顾客：阿曼裕，乔·埃尔，斯尔温，威廉
书：传记，字典，小说，诗集

西 ⟷ 东

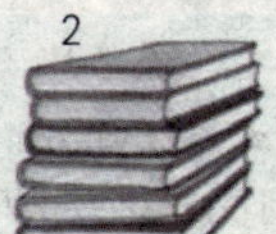

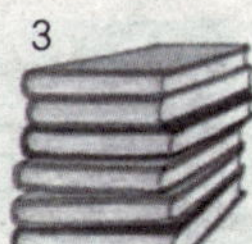

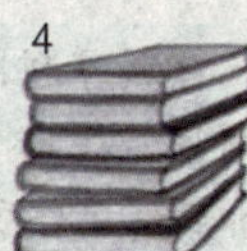

提示：请先叫出玛丽安的顾客的名字。

083 战舰（十）

这道题是按照一个古老的战舰游戏设计的，你的任务是找出表格中的船。方格中已填入了几个代表海或某种船的局部的图案，而紧靠行和列边上的数字表示这行或这列被占的方格总数。船和船之间可以水平或垂直停靠，但是任何两艘船或船的某个部分都不可以在水平、垂直和对角方向上相邻或重叠。

1 艘飞行器载体：

2 艘战舰：

3 艘巡洋舰：

4 艘驱逐舰：

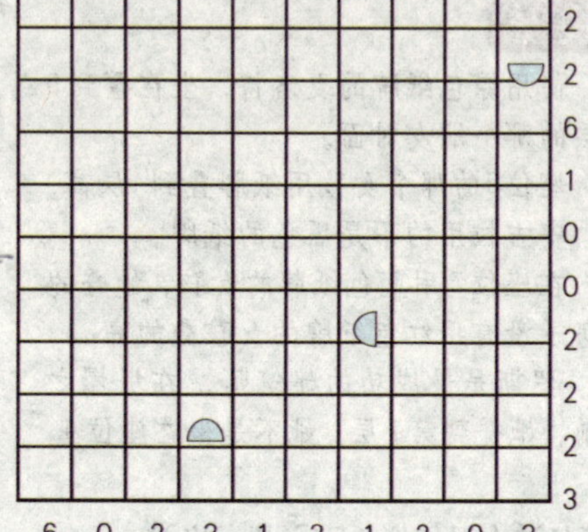

084 票

4个人正在售票亭前排队买票。从以下给出的线索中，你能叫出4个人的名字，并说出他们各自买的是哪个晚上的票、坐在剧院的哪个位置吗？

线索

1. 要买星期六晚上包厢票的那个人排在珀西瓦尔后面。他看星期六晚上的演出来庆祝一个重要的周年纪念。
2. 马克斯紧排在买剧院花楼票的那个人前面，那张剧院花楼的票不是星期四演出的票。
3. 亨利排在队伍的第3个位子，在演出的上演日期上，他的票比正厅后排座位的票要早。
4. 威洛比买的是星期五晚上的票。

名字：亨利，马克斯，珀西瓦尔，威洛比
时间：星期三，星期四，星期五，星期六
位置：正厅后排座位，包厢，剧院花楼，正厅前排座位

提示：首先叫出排在第4位的人的名字。

085 美好的祈愿

在某个公园里，8个小孩各自在许愿池里投了一枚硬币，每个孩子都投了不同面值的硬币。从以下给出的线索中，你能确定1~8号的小孩分别叫什么名字、投进池里的硬币面值是多少吗？当然，他们各自所许的心愿仍然是个秘密。

线索

1.詹妮和杰克坐在完全面对面的位子。杰克投的硬币面值是詹妮的两倍。

2.在4号位置的是一个女孩，她投的是便士，在她左手边是个男孩子。

3.在6号位置站的是西蒙，他投的币值比站在8号位置的人大两倍。

4.投2英镑进池的人，他所处位置标号数是投1便士的人的两倍。两人中有一个叫埃莉诺。埃莉诺的对面坐的是丹尼尔。

5.在1号位置的人投了20便士。

6.杰西卡许愿时投的是5便士，刘易斯投的不是2便士。

7.站在帕特里克右手边的人投的是1英镑。

男孩：丹尼尔，杰克，刘易斯，帕特里克，西蒙

女孩：埃莉诺，詹妮，杰西卡

硬币：1便士，2便士，5便士，10便士，20便士，50便士，1镑，2镑　（1英镑＝100便士）

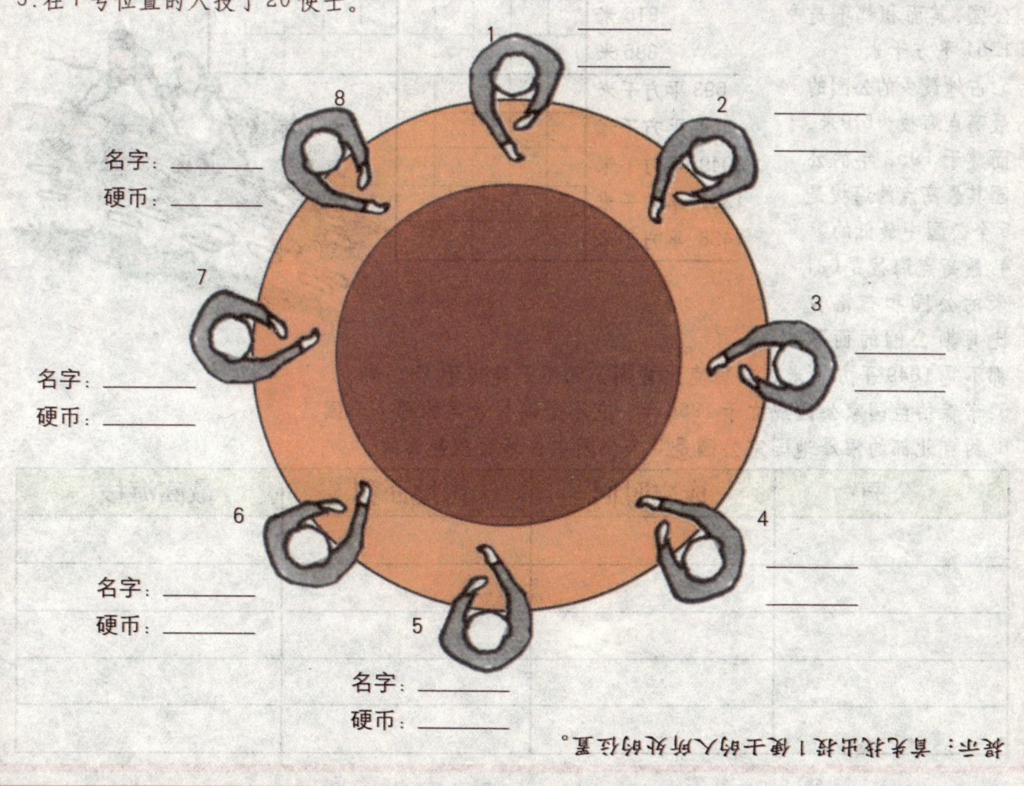

提示：首先找出投1便士的人所处的位置。

086 国家公园

不列颠拥有几座令人称羡的壮观而美丽的国家公园，下面具体介绍的是其中建于20世纪50年代的5个公园。从所给出的信息中，你能推算出每个公园设计于哪一年、覆盖的面积和最高点的海拔是多少吗？

线索

1. 5个公园中历史最悠久的那个公园覆盖面积为954平方千米；埃克斯穆尔国家公园的面积不是1049平方千米。
2. 达特姆尔国家公园不是成立于1954年，所占面积少于1000平方千米。建于1952年和1954年的公园，其面积都不是1351平方千米。
3. 占地最少的公园的最高点海拔为519米。而建于1952年的公园其最高点的海拔是5个公园中最低的。
4. 最高点海拔是621米的公园和布雷克比肯斯公园的面积都不是1049平方千米。布雷克比肯斯公园不是建成于1954年。
5. 诺森伯兰国家公园成立于1956年，它不是海拔最高的那个公园。
6. 约克北部的沼泽地国家公园是5个公园中占地面积最大的。

	1951年	1952年	1954年	1956年	1957年	693平方千米	954平方千米	1049平方千米	1351平方千米	1436平方千米	432米	519米	621米	816米	885米
布雷克比肯斯															
达特姆尔															
埃克斯穆尔															
诺森伯兰															
约克北部的沼泽地															
432米															
519米															
621米															
816米															
885米															
693平方千米															
954平方千米															
1049平方千米															
1351平方千米															
1436平方千米															

公园	成立时间	占地面积	最高海拔

087 加薪要求

4个工会的代表正在开会协议向W & S公司提交一份增加工资要求的声明。从以下给出的线索中，你能推断出图中每个人的名字、所代表的工会，以及代表的成员人数吗？

线索

1. 思德·塔克坐在C位置，他代表的成员人数不是4人。
2. 阿尔夫·巴特坐在来自ABM的那个代表的对面。ABM有6个成员在W & S公司。
3. 有7个成员的工会不是BBT。
4. 坐在D位置的人代表的是BBMU。
5. UMBM的雷·肖所代表的成员人数没有坐在B位置的人代表的多。

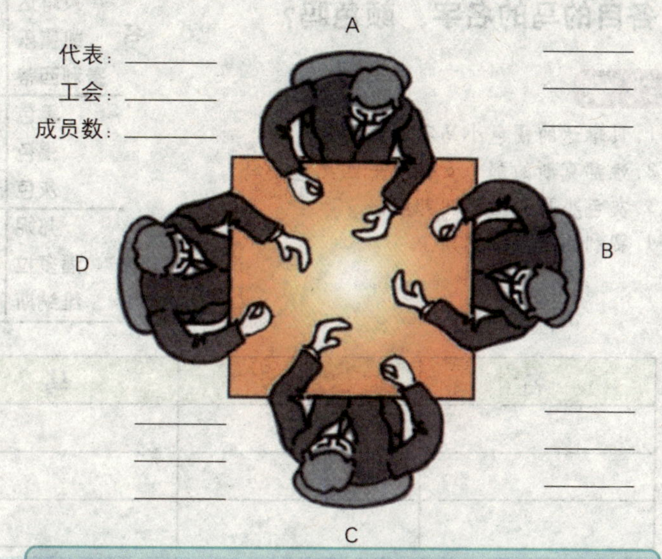

代表：阿尔夫·巴特，吉姆·诺克斯，雷·肖，思德·塔克
工会：ABM，BBT，BBMU，UMBM
成员数：3，4，6，7

提示：找出雷·肖所坐的位子。

088 ABC（六）

填右边的表格，使得每行每列均包含字母A，B，C和两个空格。表格外的字母表示箭头所指方向的第1或者第2个出现的字母，如B1代表箭头所指方向出现的第1个字母为B，你能完成要求吗？

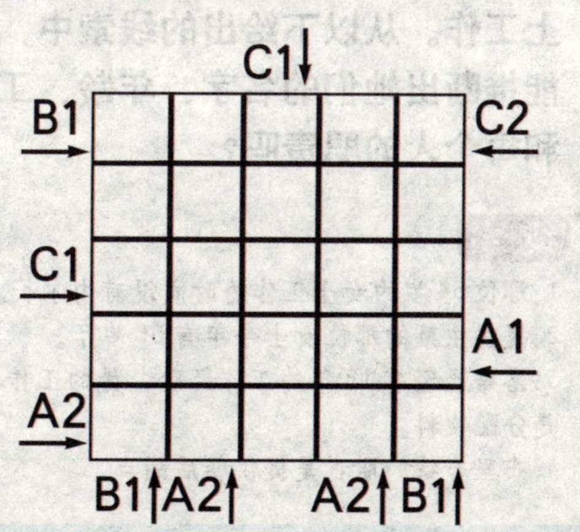

089 不同颜色的马

3个女孩各自拥有一匹不同颜色的小马。从以下给出的线索中，你能说出每个女孩的全名和她们各自的马的名字、颜色吗?

线索

1.贝琳达的褐色小马不叫维纳斯。
2.姓郝克斯的那个女孩有一匹黑色小马。
3.灰色小马的名字叫邦妮。
4.费利西蒂姓威瑟斯。

		姓			马					
		郝克斯	梅诺	威瑟斯	邦妮	潘多拉	维纳斯	黑色	褐色	灰色
名	贝琳达									
	凯蜜乐									
	费利西蒂									
	黑色									
	褐色									
	灰色									
马	邦妮									
	潘多拉									
	维纳斯									

名	姓	马	颜色

090 长长的工龄

昨天，如同往常所有的工作日一样，3位女士在大学食堂的服务台上工作。从以下给出的线索中，你能推断出她们的名字、年龄、工龄和每个人的职责吗?

线索

1.那位54岁的女士工作的时间没有内尔长。
2.提供主菜的那位女士今年有56岁了。
3.洛蒂已经有18年的工作经验，她的工作不是分配饮料。
4.布里奇特的职责是提供餐后甜点。

	52岁	54岁	56岁	16年	18年	20年	主菜	餐后甜点	饮料
布里奇特									
洛蒂									
内尔									
主菜									
餐后甜点									
饮料									
16年									
18年									
20年									

091 侦探小说

我的朋友文森特喜欢侦探小说，他同时是个完美主义者——比如一位作者写了7本侦探小说，不将其收集完整，他是不会甘心的。上个星期，文森特兴奋地告诉我，他已经完整地收集了5位侦探小说作者的全部作品。从以下给出的线索中，你能得出这5位作者所写的侦探的名字、各自写了几本有关这个侦探的书，以及对应出版社的名字吗？

线索

1.乔奇·弗赛斯写了10本侦探小说。

2.帕特里克·纳尔逊写的侦探小说本数比那个有关旧金山反犯罪的系列小说少2本，小说的主人公不是蒂特蒙中尉。

3.虚构的埃德加·斯多瑞侦探的经历由英国的地球出版社出版，有关他的书的本数比理查德·奎艾内写的要多。

4.亚当·贝特雷的作品由王冠出版社出版。

5.标枪出版社出版了其中一个虚构的侦探的事迹。

6.红隼出版社出版的侦探系列小说比有关乔布林博士的侦探小说多2本。小说里，业余侦探乔布林博士其实是个家庭医生。

7.现在伦敦工作的尼克·路拜尔是纽约的一个私家侦探，以他为主人公的小说写了18本。

作者 \ 侦探	乔布林博士	埃德加·斯多瑞	克罗维尔检查员	蒂特蒙中尉	尼克·路拜尔	10本	12本	14本	16本	18本	毕尔格出版社	标枪出版社	王冠出版社	地球出版社	红隼出版社
亚当·贝特雷															
乔奇·弗赛斯															
帕特里克·纳尔逊															
理查德·奎艾内															
史蒂夫·梭罗本															
毕尔格出版社															
标枪出版社															
王冠出版社															
地球出版社															
红隼出版社															
10本															
12本															
14本															
16本															
18本															

092 早起的鸟儿

有7位年轻的女士比早起的鸟儿还要早，因为她们已经排了一整夜的队，只为了当沃奇特 & 布莱克商场开门营业时，她们能买到想要的东西。从以下给出的线索中，你能推断出每位热情的顾客的姓名和她们各自要买的东西吗？

线索

1．费丝·雷恩紧挨在那位想买半价宽屏电视机的女士的前面。

2．盖尔对冰淇淋制造机不感兴趣，那不适宜她肥胖的身躯。

3．道恩不在队伍中间的那个女孩的前后相邻位置。

4．达维小姐在斯沃恩小姐的前面某处。两人都不是在第4个位置。

5．艾米不是在第6个位置。

6．伊夫排队想买一件皮制外套，她紧排在费恩瞿的后面。

7．贝丝确保了她自己在队伍中第2的位置。

8．想买一张新床的克雷恩小姐排在卡勒尔后面；克雷恩小姐比寻求DVD播放器的那位年轻女士提前了两个位置。

9．在第3个位置的是杰伊小姐。排在第5个位置的弗丝想去买一个新设计的皮包。

名：艾米，贝丝，卡勒尔，道恩，伊夫，费丝，盖尔

姓：克雷恩，达维，费恩瞿，杰伊，雷文，斯沃恩，雷恩

商品：床，外套，女装，DVD播放器，冰淇淋制造机，皮包，电视机

名：______ ______ ______ ______ ______ ______ ______

姓：______ ______ ______ ______ ______ ______ ______

商品：______ ______ ______ ______ ______ ______ ______

提示：找到卡勒尔的位置。

093 照片定输赢

最近一次在爱普斯高特的赛马比赛是根据照片上的差距定输赢的。从以下给出的线索中，你能说出每匹马的排名、它们的骑师和骑师所穿衣服的颜色吗？

线索

1.“矾鹬”马的后面紧跟着卢克·格兰费尔骑的马。卢克·格兰费尔穿着黑蓝两色的衣服。

2.“国王兰赛姆”的骑师是马文·盖尔，他穿的衣服不是粉色和白色。

3.科纳·欧博里恩的马比杰姬·摩兰恩的马的排名靠前。

4.穿红色和橘黄色衣服的骑师和他的马排第3名。

5.裁判研究了拍下的照片，最后由于微小的领先，判定是名叫“布鲁克林”的马赢得了此次比赛。

马：“蓝色闪电”，“布鲁克林”，“国王兰赛姆”，“矾鹬”

骑师：科纳·欧博里恩，杰姬·摩兰恩，卢克·格兰费尔，马文·盖尔

衣服颜色：黑色和蓝色，粉色和白色，红色和橘黄色，黄色和绿色

提示：首先找出“矾鹬”马的名次。

094 租车

在出租车公司外面的停车场停着5辆顾客预定的车。从以下给出的线索中，你能说出每辆车的品牌、颜色和它的位置数吗？

线索

1.罗孚停在位置5。

2.红色汽车停在福特旁边，福特不是停在位置4。

3.菲亚特是黄色，在位置3的车是白色的。

4.中间3辆车的生产商名字都不是5个字母的。

5.丰田不是停在位置2，棕色汽车在丰田的相邻位置，且停在其左面。

颜色：棕色，绿色，红色，白色，黄色

牌子：罗孚（Rover），菲亚特（Fiat），丰田（Toyota），福特（Ford），沃尔沃（Volvo）

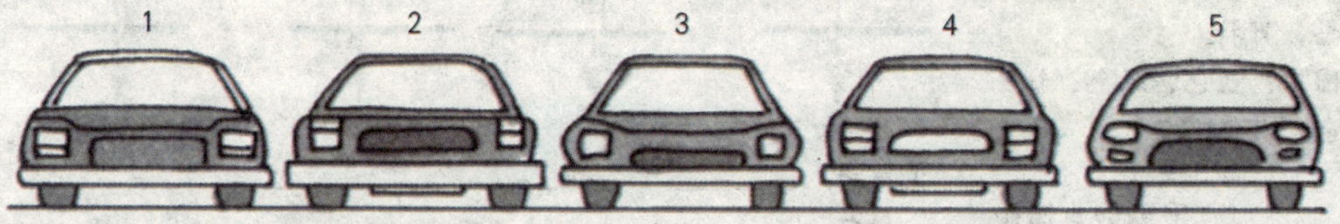

提示：首先找出沃尔沃车所在的位置。

095 路径逻辑（五）

你能从正方形标有“开始”的一端找出一条途径到标有“结束”的另一端吗？要求途中只能横着走或竖着走（不能对角走）。每一行或列的开头标的数字提示你在那一行或列里必须经过的方格数。下面是一个简单的示范。

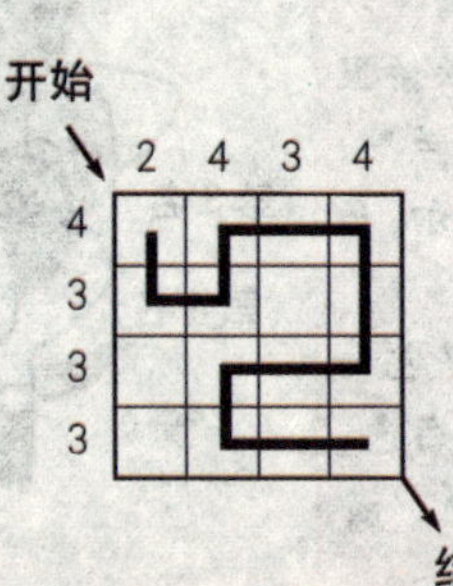

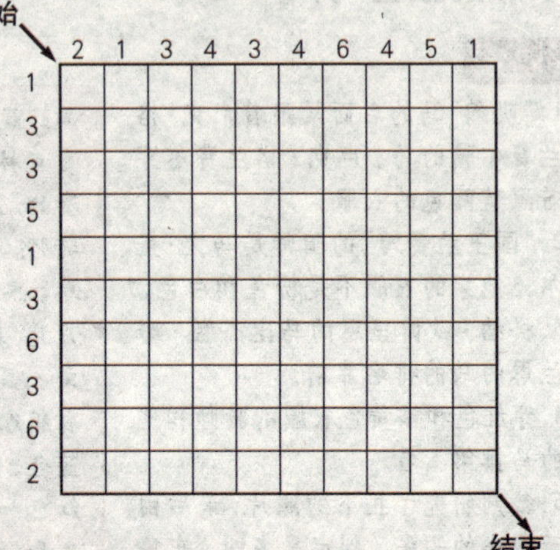

096 溜冰

4位年轻的女士来到一个公园的湖上溜冰。从以下给出的线索中，你能确定图中4位溜冰者的名字和她们围巾的颜色吗？

线索

1. 伯妮斯·海恩在戴黄色围巾的朋友的右边某处。
2. 叫肖特的溜冰者戴着红色的围巾。
3. 戴着绿色围巾的溜冰者在路易丝左边的某处。
4. 1号溜冰者戴的是蓝色围巾。
5. 杰姬不在2号位置，她也不姓劳恩。

名：杰姬，夏洛特，伯妮斯，路易丝
姓：特利尔，劳恩，海恩，肖特
围巾：蓝色，绿色，红色，黄色

溜冰者：______ ______ ______ ______
姓名：______ ______ ______ ______
围巾：______ ______ ______ ______

提示：首先找出伯妮斯所带围巾的颜色。

097 赖福尔斯小姐的报复

虽然赖福尔斯小姐没有她哥哥（一个江洋大盗）那么有名，但很多女犯罪分子却也想把各种盗窃罪名推给她，为此她不得不经常澄清。下面是4个已发生的案件，从给出的线索中，你能找出她们分别在哪个城市作案、想推卸给赖福尔斯小姐的罪行和赖福尔斯小姐对她们的报复吗？

线索

1.内利·派克的活干得跟赖福尔斯小姐一样利落，她想将她大部分的入户盗窃案嫁祸给赖福尔斯小姐。

2.在拉格斯哥，警方在调查一桩珠宝店抢劫案时，发现了一只抢劫者事后落下的背包上标记有赖福尔斯小姐的名字。那个女人想由此使赖福尔斯小姐背负罪名。但是她不是那个被扔进湖里以示警戒的人。

3.赖福尔斯小姐被一件持枪抢劫案惹恼了，她把真正犯罪者的名字、地址和如何找出犯罪证据的方法透露给了当地调查此事的警察。

4.鲁比·斯泰格不是在拉格斯哥的窃贼。某天凌晨，她被带出家并被丢弃在几英里以外的山上，当时她身上还穿着睡衣。她因此受到惊吓，再也不敢为非作歹了。

5.简·肯奇被认为是伯明翰地下世界的王后。盗窃银行一案不是发生在伦敦，这是一件需要安排有序的挖地道的“工作”，几乎可以跟赖福尔斯小姐的技术相媲美。

	伯明翰	拉格斯哥	伦敦	曼彻斯特	持械抢劫	盗窃银行	入户盗窃	破窗抢劫	被丢在山上	被扔进湖里	赃物被偷	向警方告密
艾丽丝·布雷												
简·肯奇												
内利·派克												
鲁比·斯泰格												
被丢在山上												
被扔进湖里												
赃物被偷												
向警方告密												
持械抢劫												
盗窃银行												
入户盗窃												
破窗抢劫												

名字	城市	罪行	报复

098 完全不同

有些小说家是根据他们的经验来创作的，比如约翰·李·卡勒，在写间谍小说前他曾做过情报部门的工作人员，而有些人则不是，如汤姆·克兰斯就宣称自己从来没有在情报部门工作过，在这个问题上，汤姆就是属于第 2 种类型的小说家。从以下给出的线索中，你能推断出每个作家的全名、各自最擅长的小说类型和成为小说家之前的工作是什么吗？

线索

1. 约翰写的历史小说大多设定在俄罗斯战争期间。
2. 姓凯勒的小说家以前是一个餐饮老板。姓福斯特的作者创作了一系列政治小说，内容是一位野心勃勃的首席执行官决计不惜一切代价成为首相。
3. 托马斯·罗宾斯是伦敦人。约翰不姓梅尔沃德，他住在诺瑞奇。
4. 迪莉娅的小说不是有关医学领域的。
5. 波林以前曾经营过属于她自己的书店。那位前消防队员写的不是爱情小说。
6. 政治小说的作者从来没有做过消防队员或尸体防腐者。

		姓											
		福特斯	凯勒	梅尔沃德	罗宾斯	历史小说	医学小说	政治小说	爱情小说	书店老板	餐饮老板	尸体防腐者	消防队员
名	迪莉娅												
	约翰												
	波林												
	托马斯												
	书店老板												
	餐饮老板												
	尸体防腐者												
	消防队员												
	历史小说												
	医学小说												
	政治小说												
	爱情小说												

名	姓	小说类型	以前的工作

099 小镇

如图所示，有10个距离很近的小镇，从以下给出的线索中，你能把每个镇名都写出来吗？

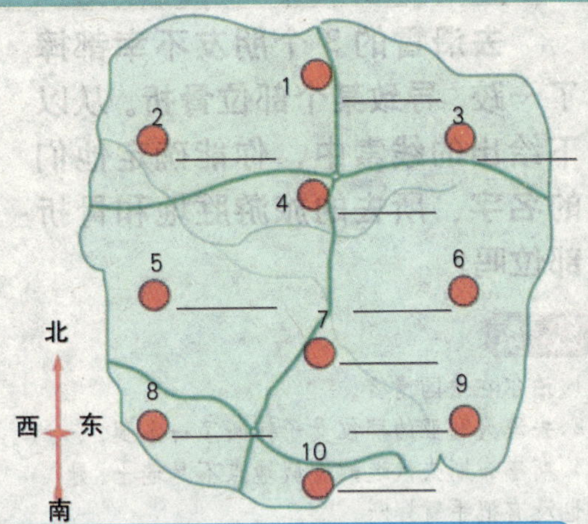

镇名：布赖圣特恩镇，科尔布雷杰镇，德利威尔镇，肯思费尔德镇，勒索普镇，摩德维尔镇，欧德马科特镇，波特菲尔得镇，威格比镇，亚克斯雷镇

线索

1. 亚克斯雷镇在科尔布雷杰镇的北方某处，在布赖圣特恩镇的西南方，而且其在地图上标示的是一个偶数。
2. 波特菲尔得镇在勒索普镇的东北方。
3. 德利威尔镇比欧德马克科特镇位置更偏南。
4. 图上标号3的是肯思费尔德镇。
5. 摩德维尔镇在威格比镇的西边。威格比镇在另外一个镇的正北方向。

提示：首先要找出亚克斯雷镇所在的位置。

100 环行线路

一条环行路线连着4个村庄，它的起始点即下图中标1的地方。开车的4位驾驶员分别住在4个村庄里。根据给出的线索，你能叫出每个村庄住的驾驶员的名字，并推算出环线上各村之间的距离吗？

线索

1. 格里斯特里村是最北边的村庄，在环线上它与前面或后面的村庄的距离都不是7千米。
2. 驾驶员德莫特是提姆布利村的住户。提姆布利村不是最东面的村庄。
3. 6千米长的那段路程起始在桑德莱比村，阿诺德不住在那里。
4. 环行车在5千米长的那段路上是朝往西南的方向开的，起始自罗莉住的村庄。

村庄：提姆布利，格里斯特里，桑德莱比，托维尔
驾驶员：阿诺德，德莫特，吉姆，罗莉
距离：4千米，5千米，6千米，7千米

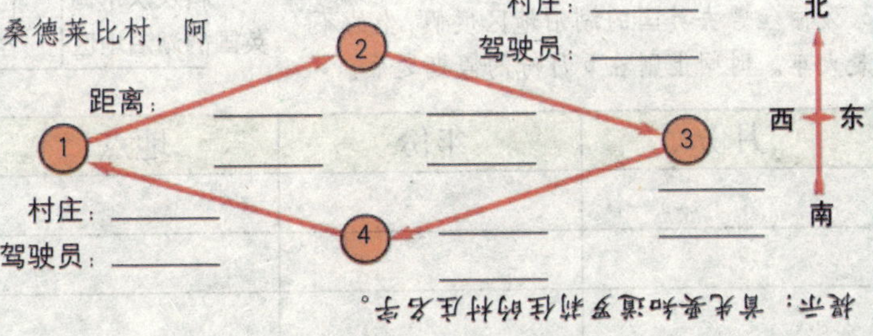

提示：首先要知道罗莉住的村庄名字。

101 冬日受伤记

去滑雪的 3 个朋友不幸都摔了一跤，导致某个部位骨折。从以下给出的线索中，你能确定他们的名字、所去的旅游胜地和骨折部位吗？

名 \ 姓	费尔	斯塔布斯	霍普	澳大利亚	法国	瑞士	手臂	锁骨	腿
迪莉娅									
泊尔									
索尼亚									
手臂									
锁骨									
腿									
澳大利亚									
法国									
瑞士									

线索

1. 泊尔在法国滑雪。
2. 去澳大利亚的那位女子摔断了一条腿。
3. 斯塔布斯夫人选的度假地点不是瑞士，她也没有把手臂摔断。
4. 索尼亚摔断了她的锁骨，她不姓霍普。

102 美好记忆

爱丽丝经常翻阅她那些老照片，那是她以前去度假时拍的3组照片。从以下给出的线索中，你能推断出照片分别是在哪里拍的、爱丽丝是乘坐什么交通工具、在什么时候去的吗？

	1986年	1971年	1974年	康沃尔	科茨沃尔德	英国的湖泊地区	小汽车	长途汽车	火车
5月份									
6月份									
8月份									
小汽车									
长途汽车									
火车									
康沃尔									
科茨沃尔德									
英国的湖泊地区									

线索

1. 长途汽车旅行的月份比 1971 年那次旅行的月份小。
2. 爱丽丝在科茨沃尔德开着小汽车观光。但不是在8月份去的。
3. 爱丽丝曾去英国的湖泊地区度假，坐的不是火车。时间上则在5月份的假期之后。

月份	年份	地点	交通工具

103 长长的通道

罗姆郡运河的罗斯顿通道是罗斯顿镇的主要水路，它行经30千米穿越这个开放的国度。以前，每天至少有30艘驳船载着各式各样的货物在闸口经过，但是昨天却只经过了4艘船，其中3艘还是游玩的船只。从以下给出的线索中，你能推断出每艘船通过闸口的时间、船的类型和它的目的地吗？

线索

1. 在下午2:00通过闸口的那艘船是去格林利的小村庄的。
2. 在早上8:00通过的那艘船租给了来自伦敦的一家人，他们得在下午1:00靠岸。
3. 蒸汽式游艇维多利亚号始建于19世纪晚期，它富有的主人经常开着它穿过闸口。
4. 珐尔·雷德在她去科菲尔得的途中经过闸口的时间比叫曼勒德的人早。他们两个人所坐的船都是罗姆郡人的。
5. 工作船正返回它在肯思贺尔特的停泊处，它的工作人员已经在修补它在斯特罗布奇附近堤岸上造成的损伤。

名字	时间	船的类型	目的地

104 完人之旅

最初，彼得·格莱海德这位冒险者的形象只出现在短篇故事书里，但是自20世纪30年代末起，他的创作者查里斯·里特利斯也创作了一些长篇小说，都是浅显易懂而又非常流行的。从以下给出的线索中，你能推断出那些邪恶的罪犯是谁、他们出没的地点、所犯的罪行和最后被揭露出来时的身份是什么吗？

线索

1.在《完人在开罗》里，罪犯以考古学家的身份出现，表面上是在为卡玛西斯四世法老墓作研究。在《完人在纽约》里的罪犯和代号是“王子”的两个人都是走私分子，但是两人公开的身份都不是政治家。

2.《完人在柏林》里的罪犯叫自己“修道士”，因为他的大本营是城外一座破败的隐修院。彼得·格莱海德后来发现他曾和一个以旅店经营者身份为掩护的罪犯有过密切接触。那件事不是在迈阿密发生的。

3.不知疲倦的慈善机构工作人员其实是代号“鼓手”的作案老手，但他没有参与毒品走私。代号“鲨鱼”的人和他的同伙主要干的是敲诈勒索的活。

4.《完人在里斯本》里发生的是伪造案。而另一伙拐骗团伙的主犯却摇身一变成了警察，他们不是《完人在迈阿密》的主角。

		《完人在柏林》	《完人在开罗》	《完人在里斯本》	《完人在迈阿密》	《完人在纽约》	考古学家	慈善机构工作人员	旅馆经营者	警察	政治家	武器走私	勒索	伪造	毒品走私	拐骗
罪犯代号	“鼓手”															
	“将军”															
	“修道士”															
	“王子”															
	“鲨鱼”															
	武器走私															
	勒索															
	伪造															
	毒品走私															
	拐骗															
	考古学家															
	慈善机构工作人员															
	旅馆经营者															
	警察															
	政治家															

书名	罪犯	罪行	掩饰身份

105 勋章

乔内斯特的宫廷博物馆有一个陈列橱，里面排放着14～19世纪中期的前乔内斯特的国王们保留的4个骑士团大勋章。从以下给出的线索中，你能填出下图的4个勋章分别代表的4个勋爵士团的名字、制造大勋章用的金属材料和它上面的绶带的颜色吗？

线索

1. 勋章C上悬挂着绿色的绶带。
2. 大勋章A是用纯银制作的。
3. 为14世纪乔内斯特王位的继承人命名的赖班恩王子勋爵士团的勋章有一个紫色的绶带。
4. 铁拳勋爵士团的勋章，顾名思义是铁制的大勋章，上面烙印着代表性图案：握紧的拳头。展示在有蓝色绶带的勋章旁边。
5. 青铜制的勋章紧靠在由纯金制造的勋章的右边，金制勋章不是伊斯特埃尔勋爵士团的代表。

勋爵士团：赖班恩王子，圣爱克赞讷，伊斯特埃尔，铁拳

勋章的材料：青铜，金，铁，银

绶带的颜色：蓝色，绿色，紫色，白色

提示：首先要找出制造勋章D的金属材料。

106 战舰（十一）

这道题是按照一个古老的战舰游戏设计的，你的任务是找出表格中的船。方格中已填入了几个代表海或某种船的局部的图案，而紧靠行和列边上的数字表示这行或这列被占的方格总数。船和船之间可以水平或垂直停靠，但是任何两艘船或船的某个部分都不可以在水平、垂直和对角方向上相邻或重叠。

1艘飞行器载体：

2艘战舰：

3艘巡洋舰：

4艘驱逐舰：

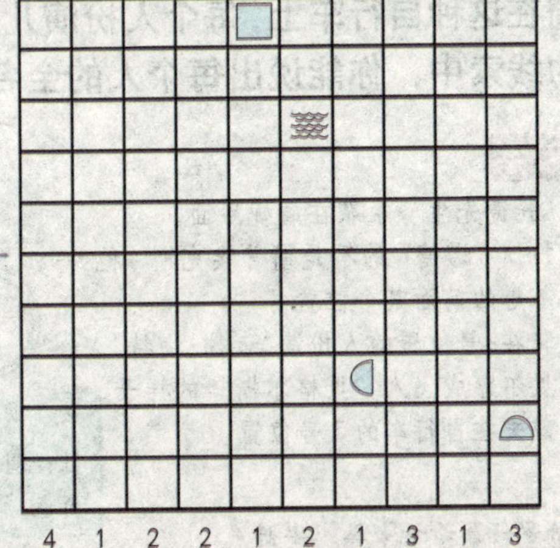

107 堆积（七）

下面的砖堆并不是孩子们玩耍时随意堆砌的，而是暗示了右边空白砖堆的最终结果，和其他砖堆一样，空白的一堆内有6块砖，每块上标有字母A，B，C，D，E，F中的一个，且各不相同。砖堆下面的数字告诉你两个信息：

1.每堆内符合以下条件的砖对数：这堆中相邻的砖对在结果中仍相邻，且顺序相同。
2.每堆内符合以下条件的砖对数：这堆中相邻的砖对在结果中仍相邻，但顺序颠倒。

如：

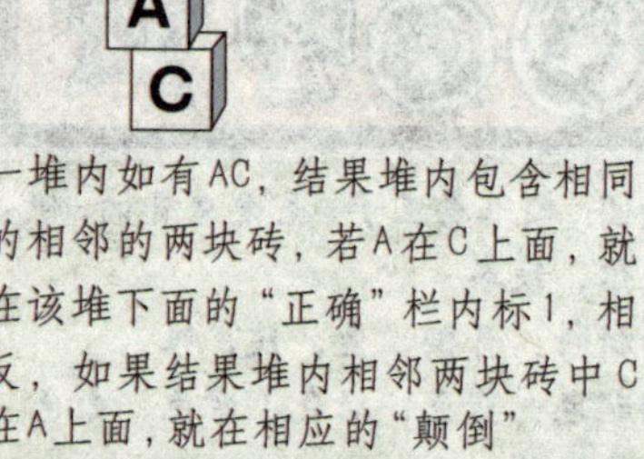

一堆内如有AC，结果堆内包含相同的相邻的两块砖，若A在C上面，就在该堆下面的“正确”栏内标1，相反，如果结果堆内相邻两块砖中C在A上面，就在相应的“颠倒”栏内标1，根据所给的信息，你能标出结果堆上面的字母序列吗？

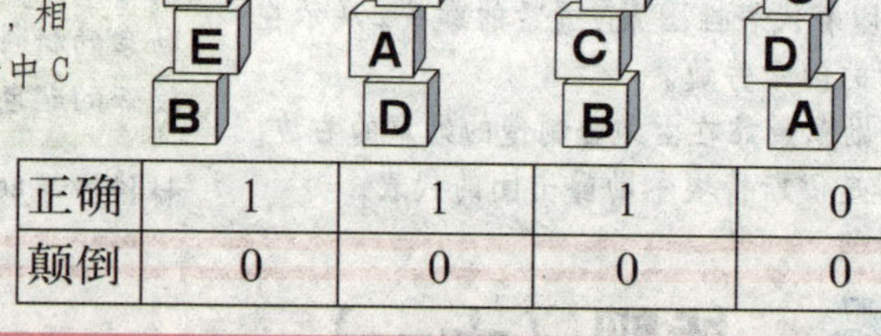

正确	1	1	1	0	5
颠倒	0	0	0	0	0

108 四人骑自行车

骑行俱乐部的成员制造了一些特别的自行车，它的一辆车上可以骑不多于4个人，它被用来为慈善机构牟利。在某个展示场合，4个人骑在这种自行车上，每个人扮演儿童故事书中的一个角色。从以下给出的线索中，你能说出每个人的全名以及他或她所扮演的角色吗？

线索

1.“托德先生”紧靠在詹妮后面。
2.扮演“诺德”的不是斯普埃克斯，他在基思的前面某个位置。
3.骑在2号位置的人扮演“迈德·海特”。
4.贝尔穿成飞人“贝格尔斯”的样子。
5.戴夫在自行车的3号位置。

1 2 3 4

名：戴夫，詹妮，基思，莫尼卡
姓：贝尔，切诺，福克斯，斯普埃克斯
角色：“贝格尔斯”，“迈德·海特”，“托德先生”，“诺迪”

提示：首先要安置好詹妮。

109 过街女士

在我们镇上的5所小学里，小学生穿过拥挤马路时的安全是由他们的“过街女士”来负责的。从以下的信息中，你能推断出哪位“过街女士”在哪一所学校外工作、她们所负责的街道以及每位女士从事这份工作的时间吗？

线索

1.有一位女士负责这个工作已经4年了，她并不在圣·威妮弗蕾德小学外的马路上工作，圣·威妮弗蕾德小学外面的马路也不是用树名来命名的。

2.斯多普薇女士是阿贝菲尔德小学的“过街女士”，但她不帮助学生经过风磨房大街，大不列颠路小学外的大街与此小学同名。

3.科洛斯薇尔女士在这5名女士中是最迟受雇佣的。她的学校外的马路并不称之为“某某街”。

4.西公园小学的“过街女士”已经工作3年了，希尔大街的“过街女士”已经工作5年了。

5.夏普德女士不是5人中工作时间最长的。

6.在栗子大街上的学校是根据圣人命名的，而卡尔女士在山楂巷阻拦车辆。

	卡尔女士	科洛斯薇尔女士	虹尔特女士	夏普德女士	斯多普薇女士	大不列颠马路	栗子大街	山楂树巷	希尔大街	风磨房大街	2年	3年	4年	5年	6年
阿贝菲尔德小学															
大不列颠路小学															
圣·彼得小学															
圣·威妮弗蕾德小学															
西公园小学															
2年															
3年															
4年															
5年															
6年															
大不列颠马路															
栗子大街															
山楂树巷															
希尔大街															
风磨房大街															

学校	过街女士	街道	工作年数

110 修理店的汽车

汽车修理店停着4辆汽车，其中汽油泵旁边有2辆汽车，另外2辆在使用其他设备。从下面所给的线索中，你能说出司机的名字、每辆车的颜色和品牌吗？

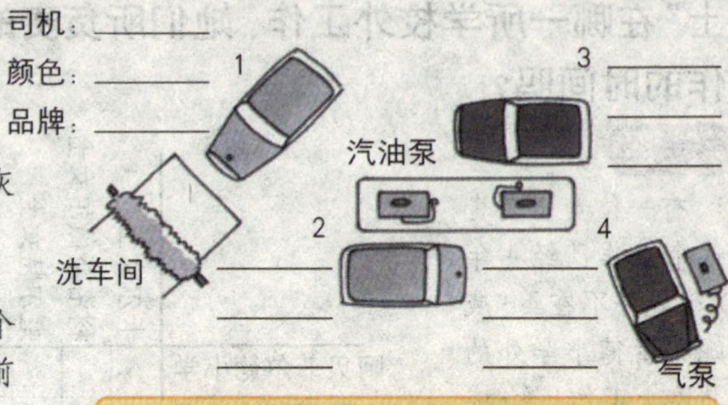

线索

1.当你看着这个平面图时，你会发现那辆灰色美洲豹比哈森的汽车停得更靠右边。
2.蒂莫西驾驶的汽车不是蓝色的。
3.阿尔玛的汽车不是宝马，它也不停在2个汽油泵的前面。丰田汽车停在了汽油泵的前面，但它不是绿色的。
4.4号汽车是深蓝色的，但它不是流浪者牌。

提示：首先推断出4号汽车的品牌。

司机：阿尔玛，杰拉尔丁，哈森，蒂莫西
颜色：深蓝色，绿色，灰色，浅蓝色
品牌：宝马，美洲豹，流浪者，丰田

111 阳光中的海岛

这是一个小岛，它近来刚刚被开发成旅游中心，它由4个主要的市镇组成，分别坐落在沿海岸线编号为A，B，C，D的位置上。从所给的线索中，你能说出每一个市镇的名称、在那里旅游的是哪个家庭，以及那里所提供的娱乐设施吗？

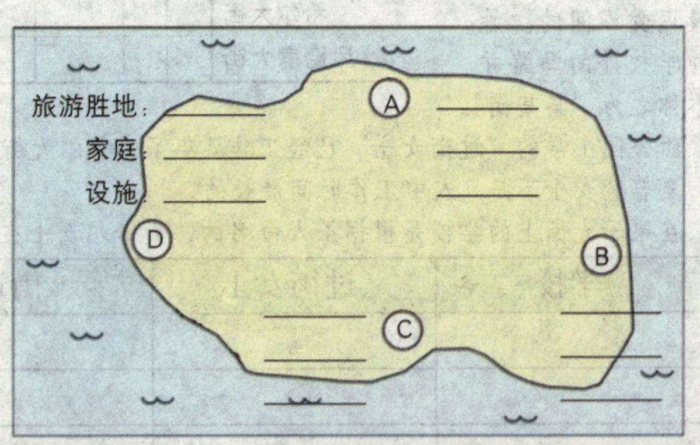

线索

1.罗德斯一家人住在国王乡村的一个旅馆中，而游艇港湾镇沿着海岸线顺时针方向的下一站就是国王乡村镇。
2.莱斯特一家人住在东海岸的一个旅游胜地上，而巴瑞特一家人住在拥有宜人海滩的旅游胜地上。
3.西海岸的旅游胜地叫做白色沙滩。
4.卡西诺赌场位于蓝色海湾镇上，但是沃德尔一家人没有在这里旅游。

提示：首先找出国王乡村的娱乐设施。

旅游胜地：蓝色海湾，国王乡村，纳尔逊镇，白色沙滩
家庭：巴瑞特，莱斯特，罗德斯，沃德尔
设施：卡西诺赌场，游艇港湾，宜人海滩，潜水中心

112 倒霉的“郝斯彻斯”

“郝斯彻斯”是一家集酒吧和餐饮于一体的店，这是一个很小却非常温馨的地方。但是这一年里，它的员工都非常不幸。在最近5个月里已经有5个人在一些古怪的事件里受伤。从以下给出的线索中，你能说出是谁在哪个月受伤、他或她在店里的职务和遭遇的事件吗？

线索

1.“郝斯彻斯”的大堂经理的腿被一条狗咬了一口，虽然这并不十分古怪，但是那是一只老到戴假牙的吉娃娃狗。这件事是发生在高夫·狄尔受伤之后。

2.西里尔·佩奇是在4月末受伤的。那时正是首批度假旅客开始陆续出现的时候。西里尔·佩奇不是出纳员。

3.一位神经质的女客人觉得黑暗的触手正沿着走廊来到她的房门外，接下来出现的将是罪恶的入侵者，而不是晚上熄灯后重返的工作人员，被她击倒的不是店里的厨师。

4.清洁工是在5月份受伤的，他不是弗瑞德·罗普。弗瑞德·罗普是那个被自行车压倒的人。

5.7月份，店里的一位职员在去接待区的路上被一条活的鲱鱼滑倒，狠狠地在地上摔了一跤。

6.艾里斯·韦尔斯是刚来工作不久的女服务员。

	贝蒂·欧文	西里尔·佩奇	弗瑞德·罗普	高夫·狄尔	艾里斯·韦尔斯	大堂经理	出纳员	厨师	清洁工	女服务员	被狗咬	摔倒	被顾客袭击	被自行车压倒	被鱼滑倒
4月份															
5月份															
6月份															
7月份															
8月份															
被狗咬															
摔倒															
被顾客袭击															
被自行车压倒															
被鱼滑倒															
大堂经理															
出纳员															
厨师															
清洁工															
女服务员															

月份	姓名	职务	意外事件

113 21点牌戏

在下图中，构成矩形的每一个方格都包含了一个不同的数字，数字从1～21不等。从所给的线索中，你能在每个方格中填上正确的数字吗？

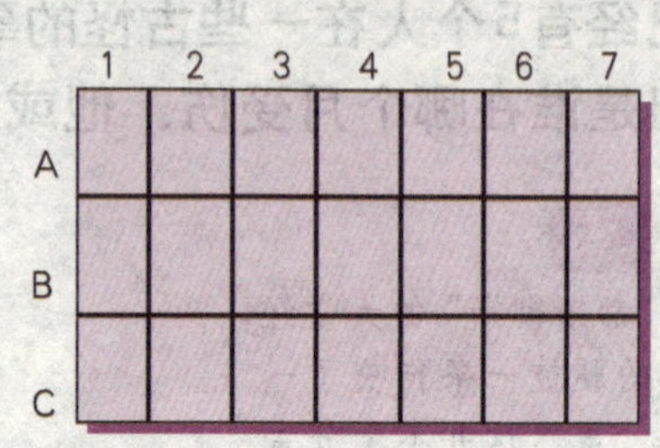

线索

1. 数字20在第一行中，7在它的左边，6在它的右边。
2. 方格A4中的数字比它的邻居A3大2，同时又是它另一个邻居A5的2倍。
3. C3中的数字是2，而数字3不在B行中。
4. 数字10与15在同一水平行中，而且10在15左边第3个方格中。
5. 方格B1中的数字是方格A1中数字的2倍，而方格A1中的数字是方格C1中数字的2倍。
6. B3中的数字比C6中的数字少1，同时B3又比C2中的数字少2。
7. 数字1所在的方格是在18的上面，1又在13的左边。
8. 数字12所在纵列的3个数字之和是31，而第7纵列的3个数字之和大于25。
9. 数字21和9都在C行内，它们位于相邻的两个方格之内，前者上面方格的数字是个位数，后者上面方格的数字是两位数。

提示：首先推断出第一纵列的3个数字。

114 遍地开花

小镇教堂举行了一年一度的花节，其中4个成员准备的展览受到好评，她们在图中所示1～4的位置。从以下给出的线索中，你能说出4位女士的名字、她们的职业和她们的展览的主打颜色吗？

线索

1. 夏洛特的黄色鲜花展览比由牙科接待员筹备的展览位置更靠东北。
2. 在圣餐桌上的展览不是由小镇的蔬菜水果商设计的。
3. 卢斯的花被放在南耳堂展示。
4. 艾里斯的工作是健康访问员，她展示的基本颜色不是粉红色。
5. 蓝色花展是一位家庭主妇展示的。

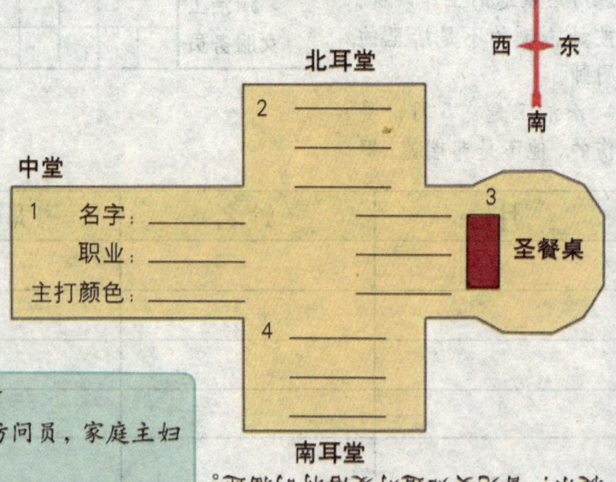

名字：夏洛特，艾里斯，米兰达，卢斯
职业：牙科接待员，蔬菜水果商，健康访问员，家庭主妇
颜色：蓝色，粉红色，白色，黄色

提示：首先要知道对夏洛特的描述。

115 开派对的动物们

兔子莱吉邀请了它所有的朋友去一个温暖的洞穴开派对。下面是对其中5个客人的描述，从给出的信息中，你能推断出每个客人带的食物是什么、喜爱的音乐家是谁、喜爱的伴奏音乐是哪段吗？

线索

1.野兔哈利带来的不是酸模叶，也不是黑莓。后者不是由喜爱凯特·布逊的动物带来的，也不是爱跟着音乐《小兔子》跳舞的动物带来的。

2."上等软毛"不是带来酸模叶的客人喜爱的音乐组合，这个音乐组合没有录制歌曲《她爱伊夫》和《我心永恒》。

3.带来橡子的客人喜爱的音乐组合不是"树篱人生"，这位客人喜欢的唱片是《我心永恒》。

4.《疯狂的东西》是凯特·布逊的成名作；老鼠莫里斯是"白鼬布赖恩"的歌迷。

5.田鼠弗农喜欢随着《秘密进行》跳摇摆舞。这首不是"上等软毛"的成名作。

6.猫头鹰奥瑟给派对带来了坚果；贡献出种子的客人是"狐的音乐"组合的歌迷。

		橡子	黑莓	酸模叶	叶坚果	种子	"白鼬布赖恩"	"狐的音乐"	"上等软毛"	"树篱人生"	凯特·布逊	《小兔子》	《秘密进行》	《我心永恒》	《她爱伊夫》	《疯狂的东西》
客人	野兔哈利															
	老鼠莫里斯															
	猫头鹰奥瑟															
	松鼠塞梅															
	田鼠弗农															
	《小兔子》															
	《秘密进行》															
	《我心永恒》															
	《她爱伊夫》															
	《疯狂的东西》															
音乐家	"白鼬布赖恩"															
	"狐的音乐"															
	"上等软毛"															
	"树篱人生"															
	凯特·布逊															

客人	带来的食物	喜爱的音乐家	喜爱的伴奏带

116 博物馆的展品

在20世纪初期，苏塞克斯的百里香小镇有一位喜爱考古的乡绅，他把几样在他的土地上发现的东西赠给了附近的一家博物馆。现在摆在展台上的东西是其中的4件。从以下给出的线索中，你能推断出每件东西是在哪个世纪制造的、在哪年赠给博物馆的吗？

线索

1. 那件银匙不是产自公元9世纪。物品C不是在1936年赠送给博物馆的。
2. 在1948年，乡绅去世的前一年，他将出产于12世纪的一件人工制品捐献给博物馆。那位乡绅89岁。
3. 物品B是一枚银胸针，它不是第一件赠送给博物馆的艺术品。
4. 那把剑紧靠在大概出产于10世纪的东西的右边。
5. 银酒杯的制造时间紧靠在1912年赠出物的制造时间之前。两者在展示橱上相邻排在一起。

艺术品：银胸针，银匙，银剑，银酒杯
制造日期：9世纪，10世纪，11世纪，12世纪
赠送日期：1912年，1929年，1936年，1948年

艺术品：____ ____ ____ ____
制造日期：____ ____ ____ ____
赠送日期：____ ____ ____ ____

提示：首先要确定物品A的相关问题。

117 笔名

“羽毛书”以出版侦探小说闻名。上个月他们就推出了5本由新作者写的侦探小说。这5位作者有以下几个共同点：每个人都有一份成功的事业，都选择其工作所在地区的刑事调查人员作为他（或她）塑造的侦探英雄形象。从以下给出的线索中，你能推断出每位作者的另一个职业是什么、各自的居住地和作品中侦探的名字吗？

线索

1.其中一位作者是一家酒店老板，但他不居住在苏塞克斯东部地区。埃德蒙·格林不是在威尔士格温内思郡一个小镇工作的兽医。

2.朱丽叶·李尔家在什罗普郡。

3.农场经营者斯图亚特·文恩不是创作出贝克探长的那位作者，而创作出贝克探长的那位作者也未从事过任何形式如承办酒席等服务行业的工作。

4.朱丽叶·李尔塑造的英雄，确切地说是女英雄，叫撒切尔警官。思尔文探长的构想者没有经营过酒吧或咖啡店。

5.现实生活中是位警察的那个作者没有居住在什罗普郡，他塑造的侦探叫法罗斯。

6.其中一位作者在苏格兰的泰赛德地区从事酒店生意。

	咖啡店主	农场经营者	警察	酒店老板	兽医	苏塞克斯东部	多塞特地区	格温内思郡	什罗普郡	泰赛德地区	贝克探长	法罗斯探长	奎恩探长	思尔文探长	撒切尔警官
阿米莉娅·科尔															
埃德蒙·格林															
朱丽叶·李尔															
内文·坡															
斯图亚特·文恩															
贝克探长															
法罗斯探长															
奎恩探长															
思尔文探长															
撒切尔警官															
苏塞克斯东部															
多塞特地区															
格温内思郡															
什罗普郡															
泰赛德地区															

名字	职业	地区	侦探

118 寻找骨牌（七）

一副标准形式的骨牌已经展开，为了清楚起见，它使用数字而非点数来表示。用你尖锐的笔尖和灵活的脑瓜，你能把每个骨牌都找出来吗？你会发现这些格子对你非常有帮助。

2	3	2	1	6	6	0	5
3	6	6	2	2	4	5	1
3	4	3	2	6	0	1	1
3	5	5	0	1	3	4	5
0	0	0	1	3	1	4	6
4	4	2	5	2	4	0	6
4	6	5	5	0	2	1	3

	0	1	2	3	4	5	6
0							
1							
2							
3							
4							
5							
6							

119 偶然所得

某天，3个少年在不同地点各捡到了一枚硬币。从以下给出的线索中，你能说出每个人的年龄、硬币的面值和捡到它的地点吗？

	5岁	6岁	7岁	5便士	10便士	20便士	停车场	公园	人行道
阿曼达									
约瑟夫									
韦斯利									
停车场									
公园									
人行道									
5便士									
10便士									
20便士									

线索

1.韦斯利捡到的硬币面值比在公园捡到的那个要大，在公园捡到硬币的人年纪比韦斯利大。

2.阿曼达捡到了一枚面值为20便士的硬币，但不是在停车场捡到的。

3.6岁小孩是在人行道上捡到那枚硬币的。

名字	年龄	硬币面值	地点

120 知名人士的房子

在戴夫·斯诺主持的一个很受欢迎的电视节目里，我们在伊洛德·卢德曼的带领下参观没有被告知姓名的知名人士的房子，然后请观众猜那位屋主到底是谁。这个星期已经播出5集这样的节目。从以下给出的信息中，你能推断出每位名人住的房屋样式、观众猜错的次数和每次节目里无意中泄漏的有关屋主秘密的线索吗？

线索

1.猜错3次后确定的名人不是利维·韦尔斯，也不是沃伦·埃斯赫姆。观众猜沃伦·埃斯赫姆时，不是猜错4次得出的，也不是因为古董或纪念品这一泄密线索得出的结论。纪念品不在公寓里。

2.公寓不是利维·韦尔斯的家。猜错公寓主人的次数比猜前教区牧师住宅主人的次数少。

3.观众猜米莉·奈尔时猜错次数比因明显的唱片收集泄密而被猜出的名人多2次。最快被猜出的那家的泄密原因不是收集的唱片。

4.前教区牧师住宅里的家庭健身房是确定屋主的线索之一。观众猜错了5次才明白过来排屋属于谁。

5.观众猜洛娜·古德普兰斯猜得最慢。

6.观众猜乡村小别墅的主人猜得最快。

	科拉·帕利斯	洛娜·古德普兰斯	利维·韦尔斯	米莉·奈尔	沃伦·埃斯赫姆	猜错3次	猜错4次	猜错5次	猜错6次	猜错7次	古董	家庭健身房	纪念品	图画	收集的唱片
大而空荡的房屋															
乡村小别墅															
公寓															
前教区牧师住宅															
排屋															
古董															
家庭健身房															
纪念品															
图画															
收集的唱片															
猜错3次															
猜错4次															
猜错5次															
猜错6次															
猜错7次															

房屋样式	屋主	猜错次数	泄密线索

121 时装表演

在最近一次时装表演会上，有5件作品特别让我感兴趣。从以下给出的信息中，你能推断出每件衣物的款式、面料、设计师的名字和展示它的模特吗？

线索

1. 埃勒维兹不是展示威尔·佛洛特或阿莱·莫德作品的模特。威尔·佛洛特的作品不是裤子，所用的布料也不是缎子。
2. 吸引我眼球的罩衫不是用毛线或丝绒制成的，它上面也没有阿莱·莫德的标签，它也不是由米兰达展示的棉制品。
3. 比尔·拉吉设计的是丝绒制成的衣服，不是套装。裤子是纯丝绸制成的。
4. 令人惊叹的大衣是旺达·普莱斯带来的。
5. 那件礼服是塞布丽娜展示的。
6. 吉娜展示的是奥拉·雷杰的作品。

模特	设计师	衣服	面料

122 “多产的果树林”

很多英国的居民都很享受英国国民健康保险制度，他们甚至开始叫它“多产的果树林”。此时就有3位居民住院，昨晚他们的邻居刚来拜访过。从以下给出的线索中，你能推断出住院者是谁、住在几号病房、来探望的是哪对与之相邻的夫妇及每对夫妇住的房子编号吗？

		39号病房	47号病房	53号病房	夫妇：多赫尔蒂	夫妇：莱德雪姆	夫妇：萨克森比	房子：26号	房子：65号	房子：81号
病人	克劳普先生									
	唐纳斯夫人									
	菲尔夫人									
房子	26号									
	65号									
	81号									
夫妇	多赫尔蒂									
	莱德雪姆									
	萨克森比									

线索

1. 住在26号房子的那对夫妇探望了克劳普先生。
2. 菲尔夫人是39号病房的病人。
3. 多赫尔蒂家房子的编号数目比去53号病房探望的夫妇家的大。53号病房住的不是唐纳斯夫人。
4. 萨克森比夫妇探望的是住在47号病房的女士。

123 腼腆的获奖者

在农业展览会上，4位养羊的农场主被分配到编号为1～4的圈栏，来让他们展示各自的羊群。从以下给出的线索中，你能推断出各农场主分配到的圈栏的编号、农场的名称和得到的名次吗？

线索

1. 来自格兰其牧场的人获得的名次比克罗普获得的名次高1名。克罗普位于1号圈栏。
2. 第2名农场主被分到了4号圈栏。它们不是来自布鲁克菲尔得牧场。
3. 2号圈栏的羊来自高原牧场，它们得到的名次比普劳曼得的要高。
4. 此次比赛，提艾泽尔是第3名的农场主。

农场主：克罗普，普劳曼，提艾泽尔，海吉斯

农场：高原牧场，格兰其牧场，曼普格鲁牧场，布鲁克菲尔得牧场

	1	2	3	4
农场主：				
农场：				
名次：				

提示：首先要知道第1名的名字。

124 迷宫

这是个令人迷惑的题目，同样它的答案也令人惊讶：如果你使用一支黑线笔描绘出正确的路径，你就可以得到一幅画。在此题中，最后画出的图是一只猴子。为了不走错路，可以使用一个小窍门：一旦你辨认出这条路是死路时，就先用笔封闭这条死路，然后再进行下一步。

125 服务窗口

下面的图向我们展示了一个繁忙的城市邮政局，分别有4位顾客在4个服务窗口前办理业务。从下述的线索中，你能说出今天在各个窗口上班的职员的名字、每个顾客的名字以及每位顾客办理的业务吗？

线索

1. 艾莉斯正在提取她的养老金。
2. 某人正在办理公路收费执照，而亨利就站在此人左边第2个窗口处。亨利不在亚当的窗口前办理业务。
3. 路易斯在3号窗口处工作。
4. 4号窗口前的顾客不是玛格丽特，此处的顾客正在购买一本邮票集锦。
5. 某人正在寄一封挂号信，大卫就在此人的右边一个窗口工作。

职员：亚当，大卫，路易斯，迈根
顾客：艾莉斯，丹尼尔，亨利，玛格丽特
业务：邮票集锦，养老金，挂号信，公路收费执照

提示：从办理公路收费执照处的窗口开始推断。

126 演讲

泰迪·罗恩的广播秀中有一个节目叫做《富有思想的停顿》，在节目中他会邀请一位拥有不同信仰的嘉宾来阐述自己的想法。以下是上周5位演讲者的信息，你能推断出哪一天由哪位嘉宾演讲、他们所属的宗教或部族以及他们演讲的主题吗？

线索

1. 哈维·歌德曼的演讲在一位罗马天主教牧师演讲之后，又在演讲《分享》的前一天。
2. （基督教）循道公会派的牧师演讲的题目是《容忍》，但是犹太人老师的演讲题目不是《睦邻友好》。
3. 维克·普里斯特利是星期四的嘉宾，但他不是犹太人。
4. 卡普特·罗维尔是救援军队的代言人。
5. 英国国教部的牧师的演讲是在星期三。
6. 《深思熟虑》是在周一演讲的，但演讲者不是维尔·立夫维尔。

	卡普特·罗维尔	哈维·歌德曼	彼特·圣塔利	维克·普里斯特利	维尔·立夫维尔	英国国教	犹太人	循道公会派	罗马天主教	救援军队	《容忍》	《睦邻友好》	《种族歧视》	《分享》	《深思熟虑》
星期一															
星期二															
星期三															
星期四															
星期五															
《容忍》															
《睦邻友好》															
《种族歧视》															
《分享》															
《深思熟虑》															
英国国教															
犹太人															
循道公会派															
罗马天主教															
救援军队															

时间	演讲者	宗教或部族	主题

127 首姆斯和惠特森

在100多年前，有一位私人侦探叫做霍洛克·首姆斯，他经常会被邀请去侦破一些复杂的案件。这些都被他忠实的助手惠特森先生记录下来。下面的问题围绕着其中的5个案件，它们发生于5个连续的年份中。从所给的线索中，你能说出惠特森先生给每个案件所起的名字，并推断出首姆斯先生解决每个案件所需要的时间以及引领他最后解决问题的关键线索吗？

线索

1．在惠特森的记载中，“幻影掷刀者案件”发生于另一个案件之后，那个案件是首姆斯以洗衣房的账单为线索，花费4天时间解决的。

2．“布林克斯顿扼杀案”是首姆斯根据马蹄印最后破案的。此次调查持续时间不是4周。

3．“王冠宝石案”在首姆斯调查此案之后的第3周得到顺利的解决。

4．首姆斯解决“波斯外交官案件”不是在1899年。

5．1900年首姆斯根据一颗纽扣侦破了一桩案件。

6．1901年，一位内阁部长邀请首姆斯侦察“假冒的印度王公案件”，该案件的关键线索不是结婚证书。

7．1898年，首姆斯花费整整6周时间侦破了一桩案件。

	布林克斯顿扼杀案	假冒的印度王公案	波斯外交官案	幻影掷刀者案	王冠宝石案	4天	8天	3周	4周	6周	车票	马蹄印	洗衣房账单	丢失的纽扣	结婚证书
1897年															
1898年															
1899年															
1900年															
1901年															
车票															
马蹄印															
洗衣房账单															
丢失的纽扣															
结婚证书															
4天															
8天															
3周															
4周															
6周															

年份	案件	所需的时间	线索

128 运货车

有4位司机在一家运输公司工作，如图所示：该公司的停车场通往一条环形马路，该环形马路又发出4条直行马路。从下面所给的线索中，你能将停车场中标号1～4的运货车与4位司机名字逐一匹配出来吗？并指出那天早晨出发时他们是按照何种顺序离开停车场的，同时推断出每位司机是选择A～D中哪条马路来行驶的吗？

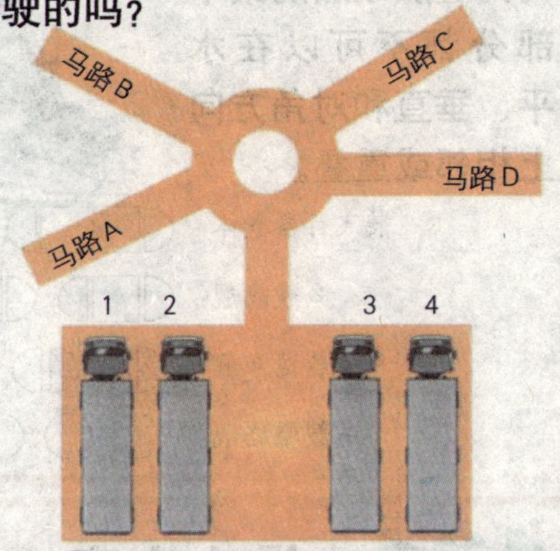

线索

1. 汤米在1号运货车司机启程之后出发。在2号运货车司机亚瑟之前驶离出口，并离开环形马路。
2. 第3个离开停车场的运货车到达环形马路后，它朝着马路C的方向行驶。
3. 当天早上，罗斯是第2个离开停车场的。
4. 4号货车行驶的是马路D。

司机：亚瑟，盖瑞，罗斯，汤米

提示：首先推断出汤米的运货车号。

129 文学奖项

评委们正在对文学奖“震撼人心奖”进行评审工作。从下面所给的线索中，你能指出图中每个位置上坐着的评论家的名字，以及他们最喜欢的小说是哪本吗？

线索

1. 有一位评论家喜欢《木乃伊的诅咒》，他坐在科兰利·斯密斯特顺时针方向的下一位，同时坐在一位女性评论家的对面。
2. 喜欢《无血的屠宰场》的评论家坐在德莫特·谷尔的对面。
3. 评审团成员中有一位最喜欢《恶魔的野餐》，他坐在迪尔德丽·高尔顺时针方向的下一位，同时坐在盖莉·普拉斯姆的对面。
4. 《太空的魔王》受到D座的评论家的支持。

评论家：科兰利·斯密斯特（男），迪尔德丽·高尔（女），德莫特·谷尔（男），盖莉·普拉斯姆（女）
题目：《无血的屠宰场》，《木乃伊的诅咒》，《恶魔的野餐》，《太空的魔王》

提示：首先推断出哪位评论家最喜欢《木乃伊的诅咒》这本小说。

130 战舰（十二）

这道题是按照一个古老的战舰游戏设计的，你的任务是找出表格中的船。方格中已填入了几个代表海或某种船的局部的图案，而紧靠行和列边上的数字表示这行或这列被占的方格总数。船和船之间可以水平或垂直停靠，但是任何两艘船或船的某个部分都不可以在水平、垂直和对角方向上相邻或重叠。

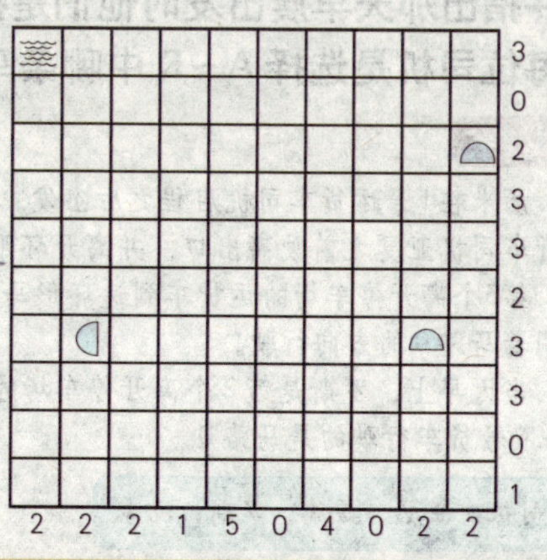

1艘飞行器载体：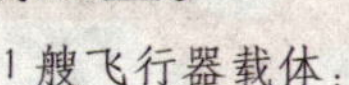

2艘战舰：

3艘巡洋舰：

4艘驱逐舰：

131 没人在家

这周没有牛奶或报纸送到彭姆布雷庭院来，而且每家每户都关着灯，因为6个公寓的居住者都因不同的原因离开了家。从以下给出的线索中，你能确定图中是谁住在哪个公寓里、因什么原因而不在家的吗？

居住者：布洛克先生，伯恩斯先生，戴克斯先生，格蕾小姐，里弗斯夫人，沃特斯小姐

原因：住院，在新西兰，谈生意，商业旅行，度假，陪女儿

线索

1. 同一楼层相邻的两户户主的性别没有一个是相同的。
2. 在女儿手术后陪着女儿的那个人住在近期要住院的人的左边。
3. 两个楼层之间有很好的隔音效果，但是隔壁房间则不尽如人意。当戴克斯先生的超强音乐打扰到他邻居格蕾小姐时，她还是非常和善的，而她现在去了新西兰。里弗斯夫人右手边的邻居去度假了。
4. 6号楼里住着一位女士。
5. 沃特斯小姐右边的隔壁邻居去商业旅行了，而她跟布洛克先生则隔了个楼层。
6. 伯恩斯先生不在家的理由跟工作没有关联，他也没有跟女儿在一起。格蕾小姐没有参加商业会谈。

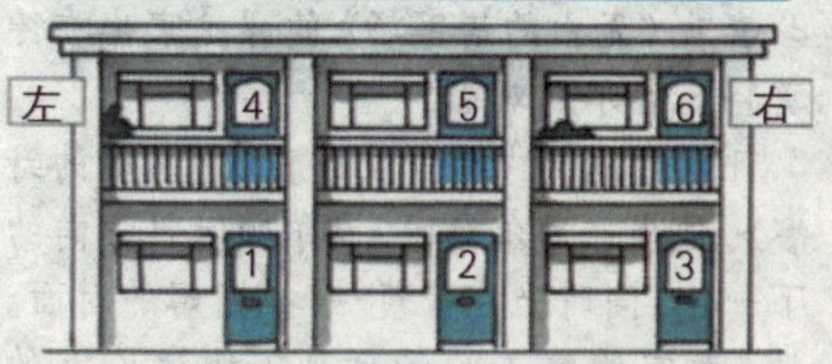

提示：首先要知道6家住户的性别，然后推断出6号公寓的住户是谁。

132 厨房里的男人

温迪·普赖德在厨房里正忙着为一大家子人的聚会准备食物。而普赖德家的男人们则要准备好其他的事，然而，温迪已经被他们打扰了5次，说是要从厨房借一些东西（其实完全是为着“不正当”的目的，因为进了厨房，他们就可以顺道从橱柜里拿些温迪准备好的食物），从以下给出的线索中，你能说出每个走进厨房的人跟温迪是什么关系、他到厨房借了什么、吃了什么吗？

线索

1. 帕特里克走进厨房借了只碟子，结果是他吃掉了不少碟子里的东西。彼得没有借任何餐具。
2. 保罗不是这个辛劳的家庭主妇的11岁大的小儿子，他吃了一些猪肉派以致完全破坏了它们在盘子里的对称性，那是温迪刚放上去的。
3. 温迪的小儿子没有享用任何蛋糕，也不是那个以借勺子为名，想发掘橱窗里东西的人；那个拿了温迪最喜欢的煎锅去作装饰用窗帘的平衡物，同时吃了一个小蛋糕的人不是温迪的丈夫。
4. 温迪的公公拿了一个她自制的腊肠卷，但他没有借温迪的刀。为切一段电缆线向温迪借刀的人没有吃奶酪卷。
5. 温迪的大儿子借了一个玻璃制的碗用以混合石膏，那是受他令人信任的父亲的委托做一件“自己动手做”的工作。
6. 佩里·普赖德是温迪的小叔子。

	小叔子	公公	丈夫	大儿子	小儿子	碗	煎锅	刀	碟子	勺子	奶酪卷	小蛋糕	冰蛋糕	猪肉派	腊肠卷
帕特里克															
保罗															
佩里															
彼得															
菲利普															
奶酪卷															
小蛋糕															
冰蛋糕															
猪肉派															
腊肠卷															
碗															
煎锅															
刀															
碟子															
勺子															

133 聪明的女士

斯托布利妇女慈善猜谜杯在上周六晚终于进行到了最后的时刻，最后参加决赛的选手是97队和河域女孩队。决赛有常识性的问题、团队相关的问题以及一个专业题目。从以下给出的线索中，你能说出每个队的3个队员的全名、所给的专业问题是什么、所属的队是哪个、最后赢得比赛的是谁吗？注意图中各位女士头发的颜色。

线索

1. 威尔科克斯夫人坐在队长和芭芭拉之间。队长的专业题目是《有名的俄国人》。
2. 莉兹选了《下院女议员》作为她的专业题目。她的发色是黑的。
3. 安德鲁斯小姐的专业题目是《肥皂剧》。她就坐在卡罗琳的正对面。
4. 坐在图A3位置的埃文斯夫人的名字字母数比回答《有名的俄国人》问题的人少一个字。
5. 帕姆·德克斯特跟专业题目是《音乐厅》的女士不是同一队的。她们两个也没有面对面坐着。
6. 选择《迪克·弗朗西斯》作为专业题目的女士，她的姓氏以元音字母开头。
7. 欧尼尔夫人和索菲都属于获胜队97队。同时欧尼尔夫人比索菲的座位号大。
8. 奥氏博尼夫人不在图中B1的位置。

名：芭芭拉（Barbara），卡罗琳（Caroline），道恩（Dawn），莉兹（Lizzy），帕姆（Pam），索菲（Sophie）
姓：安德鲁斯（Andrews），德克斯特（Dexter），埃文斯（Evans），奥氏博尼（Osborne），欧尼尔（O' Neill），威尔科克斯（Wilcox）
专业题目：《迪克·弗朗西斯》（Dick Francis），《有名的俄国人》（Famous Russians），《著名的歌剧》（Grand Opera），《下院女议员》（Lady MPs），《音乐厅》（Music Hall），《肥皂剧》（Tv Soaps）

赢家：________

名：________ ________ ________
姓：________ ________ ________
题目：________ ________ ________

提示：首先推断出帕姆·德克斯特的专业题目是什么。

134 射球明星

鲍勃·克劳斯是一名足球报道员，上星期六他为本地球队的五球杯赛作了报道，他的报道结合了5位进球员的图画。从以下给出的线索中，你能确定图中每位球员的名字、球衣号码和他进球的时间吗？

线索

1. 8号的左边是文斯，右边是最后进球的人。文斯是紧接在8号后面进球的。A紧接在E的后面进球。E的球衣号码比A大。
2. 艾伦紧接在B后面进球，B的左边是7号。3号紧接在格雷厄姆后面进球。格雷厄姆比3号更靠左边不止一个位置。
3. 大卫比靠在他左右两边的人的球衣号码都大，进球都早。
4. 9号是在第47分进球的。
5. 保罗的球衣号码比在第34分进球的人的号码小，那个人比保罗更靠左边不止一个位置。

球员：艾伦，大卫，格雷厄姆，保罗，文斯
球衣号码：3，6，7，8，9
时间：第21分，第34分，第47分，第65分，第88分

提示：请先找出第88分进球的人是谁。

135 ABC（七）

填右边的表格，使得每行每列均包含字母A，B，C和两个空格。空格外的字母表示箭头所指方向的第1或者第2个出现的字母，如B1代表箭头所指方向出现的第1个字母为B，你能完成要求吗？

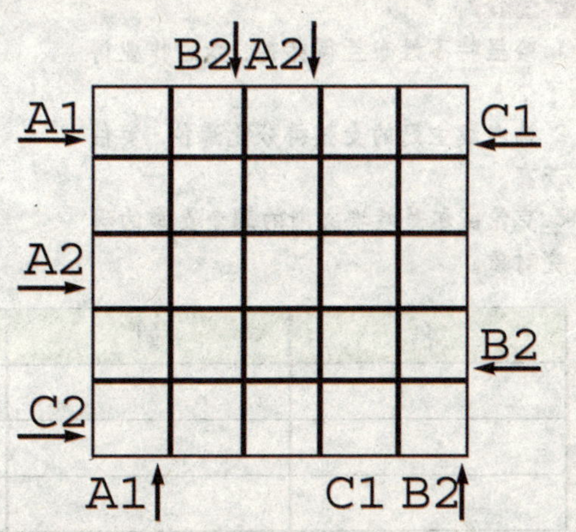

136 3个兄弟

3个兄弟在教堂和他们的新娘举行了婚礼。从以下给出的线索中，你能分别说出三对新人的名字和他们举行婚礼的教堂吗？

线索

1. 在圣三教堂结婚的那对不包括罗德尼或黛安娜，他们两个不是一对。
2. 威廉跟贝尔弗莱结婚了。
3. 琼的婚礼在圣约翰教堂举行。
4. 梅格的新婚丈夫不是肖恩，肖恩妻子结婚前不姓希尔斯。

		女名			姓					
		黛安娜	琼	梅格	贝尔弗莱	希尔斯	佩	万圣教堂	圣三教堂	圣约翰教堂
男名	罗德尼									
	肖恩									
	威廉									
	万圣教堂									
	圣三教堂									
	圣约翰教堂									
姓	贝尔弗莱									
	希尔斯									
	佩									

137 变化多端的题目

那什利浦高中二班的学生分别要进行一项研究。从给出的线索中，你能推断出3个学生的全名、所选的主题和得到的评分吗？

线索

1. 哈里特不姓布兰得弗德，她的作业得了个A^-。
2. 选内战主题的女孩得分比海伦·罗伯茨高。
3. 克伦威尔是姓埃文斯的那个女孩的研究对象。

		姓								
		布兰得弗德	埃文斯	罗伯茨	内战	伦敦大火	克伦威尔	A	A^-	B^+
名	艾玛									
	哈里特									
	海伦									
	A									
	A^-									
	B^+									
	内战									
	伦敦大火									
	克伦威尔									

名	姓	主题	得分

138 失眠时刻

失眠是一件可怕而令人痛苦的事情，下面是对5位失眠者的具体描述。从给出的信息中，你能推断出每位失眠症患者的就寝时间、用来帮助睡眠的方法和他们最后入睡的时间吗？

线索

1.其中一位在晚上11:00拿了本枯燥无味的书上床；比她早上床的弗洛拉·佩斯直到凌晨1:30才入睡。

2.最早上床的人和使用草药枕头帮助入睡的人最后都比罗斯·威尔利早睡着。但她们都不是弗洛拉·佩斯。

3.罗斯·威尔利比克斯特·那埃特早上床半小时；而想靠数绵羊入睡的人比希尔达·贝德弗吉睡着的时间晚。

4.道恩·库明希望一杯热饮能帮助她入睡。

5.放松的音乐帮助了其中一位在凌晨3:00入睡。

6.其中一位失眠者在晚上10:30上床，直到凌晨1:00才睡着。

		道恩·库明	希尔达·贝德弗吉	弗洛拉·佩斯	克斯特·那埃特	罗斯·威尔利	数绵羊	枯燥无味的书	草药枕头	放松的音乐	热饮	入睡时间 凌晨1:00	凌晨1:30	凌晨2:00	凌晨2:30	凌晨3:00
上床时间	晚上9:30															
	晚上10:00															
	晚上10:30															
	晚上11:00															
	晚上11:30															
入睡时间	凌晨1:00															
	凌晨1:30															
	凌晨2:00															
	凌晨2:30															
	凌晨3:00															
	数绵羊															
	枯燥无味的书															
	草药枕头															
	放松的音乐															
	热饮															

上床时间	名字	帮助睡眠的方法	入睡时间

139 生日快乐

昨天是下列5位小朋友的生日，为了庆祝这件乐事，每位小朋友的父母邀请他们的孩子及几位朋友参加一项有趣的活动，然后在当地的速食店举行派对。从以下给出的线索中，你能推断出每位小朋友的姓名、年龄、所参加的活动和派对所在的地点吗？

线索

1. 去表演屋剧院看演出的那个孩子的年龄不是5岁。他和他的朋友们在那里看“埃尼尔叔叔的木偶和伙伴们的表演”。
2. 去银河电影院看新迪斯尼电影的6岁小孩不是马修·尼文恩。
3. 7岁小孩和他的6个朋友在“披萨殿堂”有一个派对。
4. 比韦恩·杨大一岁的小孩的生日安排是先去看马戏团表演，然后在一家叫做“躲藏者之屋”的速食馆开派对。而韦恩·杨的父母带着他和他的朋友们去了溜冰场溜冰。
5. 昨天是卡林·罗克的8岁生日。
6. “夹饼世界”的派对不是庆祝某人9岁生日的，也不是为赛弗罗·塔利庆祝的。
7. 昨天，迪安·爱迪生是在名为“科斯蒂的厨房”那家餐馆举行他的生日派对的，他的年龄是奇数。

	5岁	6岁	7岁	8岁	9岁	电影院	马戏团	溜冰	游泳	剧院	“躲藏者之屋”	“夹饼世界”	“科斯蒂的厨房”	“麦克非森之家”	“披萨殿堂”
迪安·爱迪生															
卡林·罗克															
马修·尼文恩															
赛弗罗·塔利															
韦恩·杨															
“躲藏者之屋”															
“夹饼世界”															
“科斯蒂的厨房”															
“麦克非森之家”															
“披萨殿堂”															
电影院															
马戏团															
溜冰															
游泳															
剧院															

小孩的姓名	年龄	所举办的活动	派对地点

140 岛屿的选择

一个意向调查小组想要调查出公众最喜爱的度假岛屿。从以下给出的线索中，你能写出3个人对5个岛屿的排序吗？注意：他们每个人的排序都不同。

岛屿：克利特岛，塞浦路斯岛，马德拉岛，马略卡岛，罗底斯岛图

线索

1.鲍勃把马德拉岛选为自己第2喜欢的岛屿，塞浦路斯岛不是他最喜欢的也不是最不喜欢的。卡拉喜欢塞浦路斯岛更甚于克利特岛。3人中谁都没有把克利特岛排在第3位。

2.其中一个人的排序中，塞浦路斯岛排名比马略卡岛前两位。

3.安吉首选的那个岛屿，鲍勃把它排在第5位。

4.在鲍勃的序列表上名列第3的岛屿，被卡拉选为第2。

5.克利特岛在安吉的序列表上的排名，跟塞浦路斯岛在鲍勃的序列表上的排名相同。

6.没有人把罗底斯岛排在第1位。

提示：由第3条线索中找出它所指的岛屿。

141 找出皇后

这是一场考验耐心的游戏，图中所示的9张扑克牌就是这场游戏的道具。从以下给出的线索中，你能准确地指出这9张牌各自的牌值和花色吗？

牌：3，4，5，7，8，10，杰克（J牌），皇后(Q牌)，国王（K牌）

花色：梅花，方块，红桃，黑桃

	1	2	3
牌：			
花色：			

	4	5	6
牌：			
花色：			

	7	8	9
牌：			
花色：			

线索

1.9张牌里，只有一种花色出现过3次，而在图中的排列，没有哪一列或行的花色是完全相同的。

2.皇后紧靠在“7”的右边，梅花的上面。

3.“8”紧靠在黑桃的下面。

4.杰克紧靠在一张红桃的左边。

5.图中中央那张牌是红桃10。

6.图中有一排的第一张是梅花5。

7.9号牌是一张方块。

8.国王紧靠在“4”的左边，它们的花色不一样。“4”和3号牌的花色是一样的。

9.6号牌和“8”为不同花色。而2号牌和“7”为相同的花色。

提示：题目是一条线索。

142 路径逻辑（六）

运用你的逻辑推理能力，推导出符合以下条件的一条路径：从“开始”一直到“结束”，这条路径可以沿水平也可以沿垂直方向。各行各列起始处的数字代表这行或这列所必须经过的格子数（见图例）。

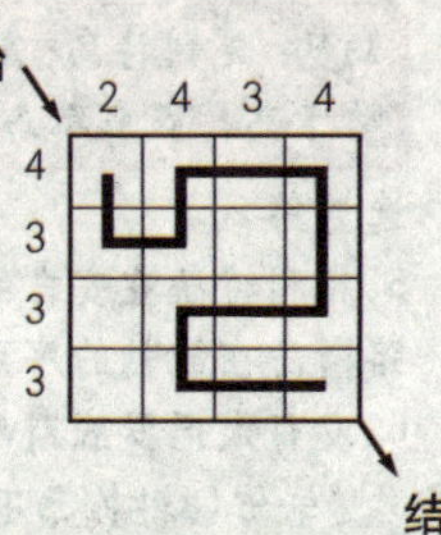

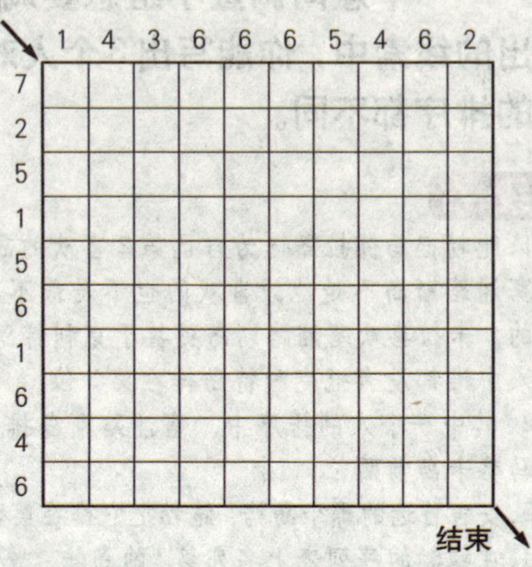

143 盾形徽章

4位世袭的贵族拥有如图所示的盾形徽章。从以下给出的线索中，你能说出字母编号为A，B，C，D的盾形徽章的所有者及每个徽章上的图案和颜色吗？

线索

1．莱可汉姆领主的盾形徽章以火鸡图案为特征，用以见证自己某位祖先在对抗异教徒的宗教战争中的英勇行为。这个火鸡图案的徽章排在蓝色徽章的左边。

2．黄色的盾形徽章在描刻有鹰的徽章的右边。鹰徽章是在代表伯特伦领主徽章的邻旁。

3．狮子不是曼伦德领主徽章上的图案。

4．盾形徽章C的背景颜色是绿色。

5．盾形徽章A的图纹是莱弗赛奇领主的外衣徽章。

	A	B	C	D
贵族：				
图案：				
颜色：				

领主：伯特伦领主，莱弗赛奇领主，曼伦德领主，莱可汉姆领主

图案：鹰，狮子，牡鹿，火鸡

颜色：蓝，绿，红，黄

提示：先找出A图案的颜色。

144 园丁的工作

戴夫是一个园丁，上个星期他给5位夫人干了些零活。从以下给出的线索中，你能推断出戴夫具体是在哪天给哪位夫人工作的以及当天工作的具体内容吗？

线索

1. 戴夫为梅维斯干完活，第二天就去给布什太太的花床除草。
2. 去弗劳尔太太的园子工作是接在给罗斯工作之后。戴夫给罗斯干的活不是修整草坪。
3. 上星期四戴夫是给内尔工作的。
4. 戴夫是在乔伊斯的园子里造了座假山。乔伊斯不是布鲁姆太太。
5. 上星期二戴夫在修剪树木。
6. 造访格伦达·普兰特比修整树篱早，但不是早两天。

		名					姓									
		格伦达	乔伊斯	梅维斯	内尔	罗斯	布鲁姆	布什	弗劳尔	里斐	普兰特	修剪树木	造假山	修整草坪	修整树篱	花床除草
	星期一															
	星期二															
	星期三															
	星期四															
	星期五															
	修剪树木															
	造假山															
	修整草坪															
	修整树篱															
	花床除草															
姓	布鲁姆															
	布什															
	弗劳尔															
	里斐															
	普兰特															

日期	名	姓	工作内容

145 往日的成功之作

下面是5首歌曲在过去几年里位列排行榜前10名的具体情况，虽然唱这几首歌的乐团或歌手最后没能一直保持下去，但不可否认，它们都是很优秀的作品。从所给出的信息里，你能说出每首歌的演唱者是谁、它位列前10名是在哪一年以及它的名次吗？

线索

1.丹尼斯·拉·赛尔的歌曲在当年的排行榜上是第6名。他的这首歌比《小心偷听》成名早。

2."无法选择的威根"组合在1975年获得成功；但他们的排行不是No.4。排行No.4的组合或表演者成名比"比兹·尼兹"组合早。

3."纤尘"组合的成名之作是《没有啤酒的酒吧》。"大小莫里斯"组合不是在1985年达到前10名。

4.最成功的作品是在1959年发表的。但不是《我吹喇叭嘟嘟嘟》这首歌。

5.《说唱音乐》成名于1987年。

6.《跳舞者》排行No.9。

	《没有啤酒的酒吧》	《小心偷听》	《跳舞者》	《我吹喇叭嘟嘟嘟》	《说唱音乐》	1959年	1975年	1985年	1987年	1990年	No.3	No.4	No.6	No.7	No.9
"比兹·尼兹"															
丹尼斯·拉·赛尔															
"大小莫里斯"															
"纤尘"															
"无法选择的威根"															
No.3															
No.4															
No.6															
No.7															
No.9															
1959年															
1975年															
1985年															
1987年															
1990年															

组合／表演者	歌曲	年份	排行

146 卢多

某个下雨天，4个小女孩在玩一种叫卢多的游戏。从以下给出的线索中，你能说出4个女孩分别在哪个位置上、各自所选的筹码颜色以及最近一次掷的骰子点数吗？

线索

1. 没有人掷出的点数跟她的座位号一样。
2. 掷出3点的雷切尔坐在用黄色筹码的女孩的左手边。
3. 桌上的红色筹码是特里萨的。
4. 在2号座位的玩家掷出6点。
5. 蓝色筹码持有者掷了4点。持有者不是安吉拉。
6. 伊冯不是坐在3号位置。

名字：______
筹码颜色：______
骰子点数：______

名字：______
筹码颜色：______
骰子点数：______

名字：安吉拉，雷切尔，特里萨，伊冯
筹码颜色：蓝色，绿色，红色，黄色
骰子点数：1，3，4，6

提示：首先找出雷切尔的筹码是什么颜色。

147 宠物

4个毗邻而居的家庭各自拥有一条不同品种的狗。从以下给出的线索中，你能说出编号17～23的房子住户和每家宠物的品种和名字吗？

家庭：波尼家，可勒家，肯内尔家，利德家
品种：阿尔萨斯犬，拳师犬，吉娃娃狗，约克夏小猎犬
狗名：迪克，弗雷迪，马克斯，萨姆

线索

1. 阿尔萨斯犬住在萨姆的隔壁人家，萨姆是利德家的狗。
2. 17号的住户的宠物是一只拳师犬。
3. 克勒家有一只吉娃娃狗。
4. 弗雷迪住的房子是21号。
5. 19号的那户人家不姓肯内尔。
6. 马克斯是一只约克夏小猎犬。

17 
19 
21 
23 

提示：首先要知道萨姆的品种是什么。

148 堆积（八）

下面的砖堆并不是孩子们玩耍时随意堆砌的，而是暗示了右边空白砖堆的最终结果，和其他砖堆一样，空白的一堆内有6块砖，每块上标有字母A，B，C，D，E，F中的一个，且各不相同。砖堆下面的数字告诉你两个信息：

1. 每堆内符合以下条件的砖对数：这堆中相邻的砖对在结果中仍相邻，且顺序相同。
2. 每堆内符合以下条件的砖对数：这堆中相邻的砖对在结果中仍相邻，但顺序颠倒。

如：

A
C

一堆内如有AC，结果堆内包含相同的相邻的两块砖，若A在C上面，就在该堆下面的“正确”栏内标1，相反，如果结果堆内相邻两块砖中C在A上面，就在相应的“颠倒”栏内标1，根据所给的信息，你能标出结果堆上面的字母序列吗？

	C A D F B E	C E B A F D	B C F D A E	F B A C D E	（空白）
正确	0	1	0	1	5
颠倒	0	0	3	0	0

149 罗希的玫瑰花结

在一年一度的障碍马术赛上，罗希·兰姆斯勃特和她的马再次在比赛中获胜。5年里她已经赢了4次。每次比赛她都骑着不同的马上场。从以下给出的线索中，你能说出她所骑的马的名字、比赛地点和比赛年份吗？

A B C D

线索

1. 紧接在1998年罗希获胜之后，她骑着“爵士”再次赢得了象征胜利的玫瑰花结。这两场比赛都不是在切尔特娱乐中心举行的。
2. 在切尔特娱乐中心的那次比赛，是在她骑着“小鬼”赢了比赛的两年之后举行的，并且罗希赢得的不是D玫瑰花结。有关“小鬼”的玫瑰花结紧靠在来自切尔特娱乐中心的那次比赛的玫瑰花结的左边。
3. 罗希骑着“花花公子”赢得的玫瑰花结在骑着“斯玛特”赢的玫瑰花结的右边某个位置。
4. 罗希在梅尔弗德公园的那场比赛赢的玫瑰花结紧靠在她最近一次比赛中赢的花结的右边。
5. 罗希在1996年赢的玫瑰花结紧靠在斯特克农场那场比赛中赢得的玫瑰花结的左边。

小型马的名字：“花花公子”，“小鬼”，“爵士”，“斯玛特”
比赛地点：切尔特娱乐中心，梅尔弗德公园，斯特克农场，提伊山
年份：1996，1998，1999，2001

提示：首先找出D玫瑰花结上的马叫什么名字。

150 来到船上

因展示太空巡洋舰的第5系列——《科学幻想》电视节目的需要，5位新演员加入到常规演员阵容中，饰演要继续探险之旅的自由号恒星飞船的船员。从以下给出的线索中，你能说出他们的种族、位置和饰演的角色吗？

线索

1. 自由号上新来的堪兹克船员（当然是指来自堪兹克星球的）不叫爱利安德。
2. 角色中植物学家的名字比由迈克·诺勃饰物演的那个来自切斯安星球的切斯安人的名字多两个字母。
3. 罗斯·斯班恩的角色的名字比航海家的名字短。
4. 维达·怀亚特演的不是来自厄来文星球的厄来文人。那个厄来文人不叫瓦勒姆。
5. 亚当·彼艾尔的角色是自由号上的首席内科医生。罗斯·斯班恩演的是来自赫斯克星球的赫斯克人。
6. 盖尔·赫冈饰演的是罗培尔。剧中船上新来的保安人员叫伊克沧雷。

		切斯安人	赫斯克人	堪兹克人	李尔非人	厄来文人	植物学家	工程师	航海家	内科医生	保安人员	艾皂斯	爱利安德	伊克沧雷	罗培尔	瓦勒姆
演员	亚当·彼艾尔															
	盖尔·赫冈															
	迈克·诺勃															
	罗斯·斯班恩															
	维达·怀亚特															
角色	艾皂斯															
	爱利安德															
	伊克沧雷															
	罗培尔															
	瓦勒姆															
	植物学家															
	工程师															
	航海家															
	内科医生															
	保安人员															

演员：亚当·彼艾尔（Adam Beale），盖尔·赫冈（Gail Hagan），迈克·诺勃（Mike Noble），罗斯·斯班恩（Ross Spain），维达·怀亚特（Vida Wyatt）

角色：艾皂斯（Azos），爱利安德（Eriander），伊克沧雷（Ixonli），罗培尔（Ropir），瓦勒姆（Valarma）

151 拳击比赛

赞助人威利·斯路姆在接下来的5个月里将为5个最有前途的拳击手组织拳击赛。从以下给出的线索中，你能推断出每次拳击比赛举行的月份、比赛的重量级别和他们对手的名字吗？

线索

1. 勒克·杰雷乔兹，波兰的重量级拳击手，已经签约准备参加接在绍恩·杰伯的拳击比赛下面月份的比赛。
2. 次重量级拳击手比赛被安排在12月。
3. 在利昂·堪维斯长长的拳击职业生涯里已经击出了很多次胜利的一击，他将在里基·思科莱普后面参加决斗。
4. 弗兰克·摩勒是威利·斯路姆最有希望的中量级拳击手，他的对手不是恰克·塔维尔——一个既往记录不是最好的拳击手。
5. 迪安·克林瞿将在10月份上场。
6. 皮埃尔·萨斯格德是个法国籍的拳击手，他的拳击记录相当复杂，他将参加9月份的比赛，那不是一场次中量级拳击手比赛。

	对手：艾伦·帕梅迹	对手：迪安·克林瞿	对手：弗兰克·摩勒	对手：里基·思科莱普	对手：绍恩·杰伯	次轻量级	次中量级	中量级	次重量级	重量级	拳击手：恰克·塔维尔	拳击手：詹森·索斯普	拳击手：勒克·杰雷乔兹	拳击手：利昂·堪维斯	拳击手：皮埃尔·萨斯格德
8月															
9月															
10月															
11月															
12月															
拳击手：恰克·塔维尔															
拳击手：詹森·索斯普															
拳击手：勒克·杰雷乔兹															
拳击手：利昂·堪维斯															
拳击手：皮埃尔·萨斯格德															
次轻量级															
次中量级															
中量级															
次重量级															
重量级															

月份	拳击手	重量级别	对手

152 加油

4个开车的人同时到加油站加油，并在付油钱的同时都在店里买了东西。从以下给出的线索中，你能叫出每位驾驶员的名字、他或她开的车的品牌和所买的东西吗？

线索

1. 彼得和标致车车主站在同一组加油泵的对面。那个车主买了一袋糖果。
2. 买杂志的那个车主不是萨利，开的也不是沃克斯豪尔车。
3. 伯特在5号泵加油。
4. 买报纸的车主在3号泵加油。
5. 在2号泵加油的女士没有买书，福特车的主人也没买书。开福特车的不是尤妮斯。

驾驶员：伯特，尤妮斯，彼得，萨利
车：福特，标致，丰田，沃克斯豪尔
买的东西：书，杂志，报纸，糖果

驾驶员：______ ______
车：______ ______
买的东西：______ ______

7 6 8 5 3 2 4 1

驾驶员：______ ______
车：______ ______
买的东西：______ ______

提示：首先推断出彼得用的是哪个加油泵。

153 发错的邮件

克拉伦斯是一家邮递公司的派送员，有一天，他把订单的顺序给弄乱了，订单被送到错误的城市。从以下给出的线索中，你能推断出他把订单送到了哪个错误的城市吗？说出所列书目的作者名字，以及它原来要送到的城市和克拉伦斯派送的错误地址。

线索

1. 每本书相关的名字，包括作者和相关的两个城市名字的首字母都是不同的。
2. 《布达佩斯的秋天》和道森写的书，它们的目的地都不是卡莱尔。被送到切姆斯弗德的那本书，它的作者不是格雷尼，它原来的目的地也不是布莱顿。
3. 《斯多葛学派》一书，既不是克罗瞿的著作，也不是被送到格拉斯哥的那本书。
4. 《伊特鲁亚人》的作者名字的首字母在字母表上接在最后被送到威根的那本书作者名字的后面。

作者：艾伦·比格汉姆（Alan Bingham），伊利斯特·克罗瞿（Ernest Crouch），格兰特·道森（Grant Dawson），马丁·格雷尼（Martin Greene）
正确的城市：布莱顿（Brighton），卡莱尔（Carlisle），马特洛克（Matlock），索尔兹伯里（Salisbury）
错误的城市：切姆斯弗德（Chelmsford），格拉斯哥（Glasgow），斯旺西（Swansea），威根（Wigan）

提示：首先找出格雷尼写的书最后被送到哪里了。

154 快乐家庭

住得很近的3对夫妇各有不同数目的孩子。从以下给出的线索中，你能将每对丈夫和妻子对应起来，并推断出他们的姓名和他们拥有的孩子数目吗？

		妻子：迪波拉	妻子：朱蒂	妻子：梅格	姓：贝尔	姓：皮尔森	姓：维克斯	2	3	4
丈夫	艾伦									
	比尔									
	瑞克									
	2									
	3									
	4									
姓	贝尔									
	皮尔森									
	维克斯									

线索

1. 比尔和他的妻子拥有的孩子人数比贝尔家少。
2. 艾伦的孩子比朱蒂多。
3. 迪波拉·维克斯不是瑞克的妻子。
4. 梅格是3个孩子的母亲，她不姓皮尔森。

丈夫	妻子	姓	孩子

155 迟到

我一位年长的朋友艾丽丝曾经在一个礼拜里预约了3次出租车，但每次车都迟到。从以下给出的线索中，你能推断出她是在哪天预定的、车分别迟到了多少分钟和她要去的目的地吗？

	上午 9:20	上午 11:15	下午 2:40	5分钟	10分钟	15分钟	皮肤科医生	中心公园	医院
星期二									
星期四									
星期五									
皮肤科医生									
中心公园									
医院									
5分钟									
10分钟									
15分钟									

线索

1. 预定在上午9:20的出租车迟到的时间少于15分钟。此次预约是在预定在上午11:15那次之后。
2. 星期四艾丽丝去她的皮肤科医生那里，等车不是等了10分钟。
3. 她去中心公园时，出租车迟到了5分钟。
4. 去医院时预约了下午2:40的车，那天不是星期五。

156 糟糕的往日

在中世纪末期，因为不同统治者的糟糕统治，一个小国有一段时期动荡不安。从以下给出的线索中，你能推断出每个国王的绰号、上台执政的年份、在他统治期间发生的重大的国内动乱吗？

线索

1. 于1532年加冕的国王在第二年被他的小儿子篡位了。
2. 费迪南德不是那个激怒贵族谋反的人，他在那个绰号“自满的人”之前当上国王。
3. 卢多夫是在1485年得到王位的。农奴起义不是发生在1457年登基的国王统治期间。
4. 艾伯特是在某个奇数年份当上国王的。
5. 以“愚不可及的人”这一绰号闻名的统治者是在1501年继承他父亲的王国的。
6. 迈克尔这个“坏家伙”与统治期间发生宗教战争而使王国动摇的统治者是在同一个世纪执政的。
7. 抗税运动发生在查尔斯国王的统治期间。查尔斯的统治比因绰号“荒唐的人”出名的国王早。

	“秃头”	“愚不可及的人”	“荒唐的人”	“坏家伙”	“自满的人”	1394年	1457年	1485年	1501年	1532年	贵族谋反	宗教战争	农奴起义	儿子篡位	抗税运动
艾伯特															
查尔斯															
费迪南德															
迈克尔															
卢多夫															
贵族谋反															
宗教战争															
农奴起义															
儿子篡位															
抗税运动															
1394年															
1457年															
1485年															
1501年															
1532年															

名	姓	年代	动乱

答 案

001 枪手作家

推理小说将在2月份出版（线索2），恐怖小说是以布雷特·艾尔肯为笔名（线索6），又由于那本科幻小说比以蒂龙·斯瓦名义出版的那本书晚出版（线索3），所以1月份以尤恩·邓肯名义出版的那本书不是历史小说（线索1），而是艺术小说《主要的终曲》（线索6）。由于以吉尼·法伯名义出版的书在《白马》出版后一个月出版（线索4），因此它不在2月或4月出版。由于《船长》在4月份出版（线索2），所以以吉尼·法伯名义出版的书不是在5月出版，而是在6月。那么《白马》就在5月出版（线索4）。《世代相传》以雷切尔·斯颇为笔名（线索5），因此它不在4月或5月出版，而是2月份的推理小说。科幻小说不是以蒂龙·斯瓦为笔名（线索3），那么就是吉尼·法伯的6月份作品，而蒂龙·斯瓦的书是历史小说，通过排除法，后者是4月份出版的《船长》，而5月出版的书《白马》是布雷特·艾尔肯的恐怖小说，剩下《太阳花》是以吉尼·法伯的名义在6月份出版的科幻小说。

答案：

1月份，《主要的终曲》，尤恩·邓肯，艺术小说。

2月份，《世代相传》，雷切尔·斯颇，推理小说。

4月份，《船长》，蒂龙·斯瓦，历史小说。

5月份，《白马》，布雷特·艾尔肯，恐怖小说。

6月份，《太阳花》，吉尼·法伯，科幻小说。

002 马球比赛

3号选手的马叫汉德尔（线索5）。鲁珀特是2号选手（线索3），线索1排除了闪电是1号、2号或4号马的可能，那么它一定是5号马。这样根据线索1，4号选手赢得了比赛，骑着汉德尔的3号选手是蒙太奇。爱德华在比赛中不幸打了一个乌龙球（线索4），我们由此知道他不是2号、3号或4号选手，线索4也排除了他是1号选手的可能，因此他是骑着闪电的5号选手。然后根据线索4，黑马马乔里是参加比赛的4号选手的马。因为阿齐不是1号选手（线索2），所以由排除法得出他是骑着马乔里的4号选手，剩下1号选手是杰拉尔德。蒙太奇没有弄伤手腕（线索5），我们知道他不喜欢这场比赛，没有打乌龙球，也没有掉马球棒（线索2），则他必定从马上跌落。根据线索6，褐色马不是1号、3号、4号或5号马，只能是鲁珀特骑的2号马，1号马叫亚历山大（线索6），剩下鲁珀特的褐色马叫格兰仕。3号马不是栗色的（线索6），也不是白色的（线索1），那就是灰色的。闪电不是白色的马（线索1），而是栗色的，剩下白色的马是杰拉尔德骑的1号马。由于他没有弄伤手腕（线索5），因此是他掉了马球棒的选手，最后得到鲁珀特就是那名在比赛中弄伤了手腕的选手。

答案：

1号，杰拉尔德·亨廷顿，亚历山大，白色，掉了马球棒。

2号，鲁珀特·德·格雷，格兰仕，褐色，弄伤手腕。

3号，蒙太奇·佛洛特，汉德尔，灰色，从马上跌落。

4号，阿齐·福斯林汉，马乔里，黑色，享受比赛。

5号，爱德华·田克雷，闪电，栗色，乌龙球。

003 在国王桥上接客人

由于下午3:00接的乘客来自剑桥（线索4），并且上午10:00的乘客不是来自北安普敦（线索3），那么他来自林肯，而来自北安普敦的乘客于12:30在4号站台被接到。上午10:00要接的站台号比下午3:00要接的站台号小（线索2），由此可以知道10:00接的客人在7号站台，而下午3:00接的客人德拉蒙德夫人在9号站台（线索2）。来自林肯的乘客将进入7号站台，因此斯坦尼夫人会进入4号站台（线索1），排除法得出古氏先生到7号站台。最后通过排除法，古氏先生来自林肯，斯坦尼夫人来自北安普敦，而德拉蒙德夫人来自剑桥。

答案：

上午10:00，7号站台，古氏先生，林肯。

中午12:30，4号站台，斯坦尼夫人，北安普敦。

下午3:00，9号站台，德拉蒙德夫人，剑桥。

004 路径逻辑（三）

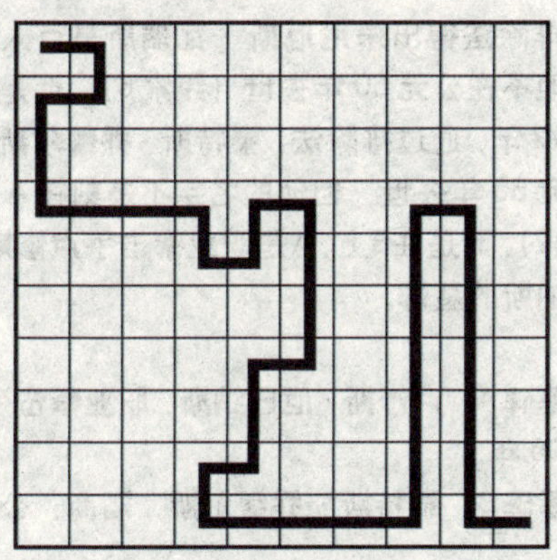

005 ABC（四）

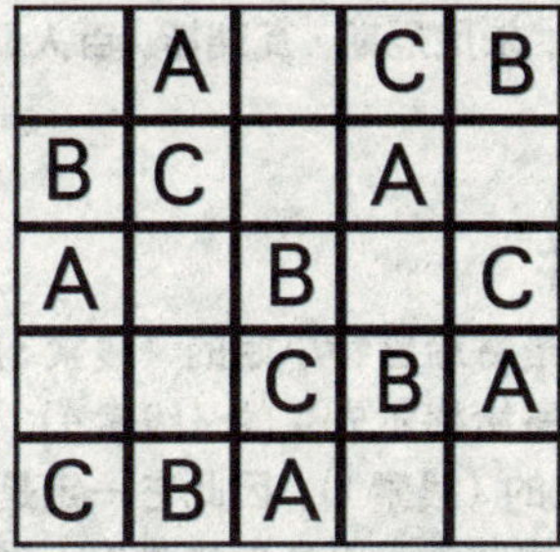

	A		C	B
B	C		A	
A		B		C
		C	B	A
C	B	A		

006 新生命

由于小博尼只有3天大（线索4），并且4天前出生的婴儿不是基德（线索1），也不是阿曼达·纽康姆博（线索2），所以他一定姓沙克林。线索1告诉我们，他不是2号小床上的丹尼尔，同时也说明丹尼尔不姓基德。我们知道丹尼尔不姓纽康姆博，因此他姓博尼，年龄只有3天。根据线索1，姓基德的婴儿的年龄是2天，通过排除法，剩下阿曼达·纽康姆博是最晚出生的。根据线索2，1号小床上的婴儿只有2天大，她姓基德，但不叫托比（线索3），由此得出她叫吉娜，剩下托比姓沙克林。后者不在3号小床上（线索3），而是在4号小床上，剩下阿曼达在3号小床上。

答案：

1号，吉娜·基德，2天。

2号，丹尼尔·博尼，3天。

3号，阿曼达·纽康姆博，1天。

4号，托比·沙克林，4天。

007 退休的警察们

由于1984年退休的不是罗福特·肯特（线索4）或驯狗员思考特·罗斯（线索6），再根据线索2得到受溃疡病困扰的切克·贝克也不是在1984年退休。机修工在1980年退休（线索7）。根据线索1，其中一个人因为有心脏病而离开警察队，后来成为一名摄影师，麦克·诺曼在他退休后4年才离开，故他不是在1984年退休，由此可以得出乔·哈里斯在1984年退休。由于从屋顶跌落的人是在1976年退休（线索5）。乔·哈里斯不是因车祸而退休（线索3），我们知道他也没有溃疡（线索2），而线索1又排除了他有心脏病，那么他一定是被刀刺伤。患有心脏病的人不是切克·贝克或乔·哈里斯，线索1排除了麦克·诺曼，而根据他后来的职业也可以排除思考特·罗斯，那只能是罗福特·肯特。根据线索1和4，那个出租车司机是麦克·诺曼。我们现在已经知道其中三个人退休后的工作，切克·贝克不是酒馆老板（线索2），因此他是1980年退休的机修工，酒馆老板是在1984年被刺伤而退休的乔·哈里斯（线索2）。从屋顶跌落并在1976年退休的不是出租车司机麦克·诺曼（线索5），故推断他是驯狗员思考特·罗斯，剩下麦克·诺曼是车祸的受害者，最后根据线索1知道他在1972年退休，而摄影师罗福特·肯特在1968年退休。

答案：

切克·贝克，溃疡，1980年，机修工。

乔·哈里斯，被刀刺伤，1984年，酒馆老板。

罗福特·肯特，心脏病，1968年，摄影师。

麦克·诺曼，车祸，1972年，出租车司机。

思考特·罗斯，从屋顶跌落，1976年，驯狗员。

008 太阳系中的间谍

由于德吉瑞克使用汉斯·格拉巴的身份（线索5），并且榻·凯纳的代理使用洛浦兹医生的身份（线索1），来自诺德并假扮成尼尔森主教的代理属于只有创办者才知道的智能组织（线索6），因此齐德尔的沙拉·罗帕姆（线索4）不是假扮的赫斯尼船长，而是使用了帕特尔教授的假身份。又由于他（她）不是来自格洛姆斯行星（线索2）、阿德瑞基行星（线索4）或诺德，艾伦·伯恩斯来自埃斯波兰萨行星（线索3），那么他一定来自沃克斯。艾伦·伯恩斯不在榻·凯纳系统（线索3），所以没有使用洛浦兹医生的身份，而他来自的行星排除了他是尼尔森主教的可能，那么他使用的是赫斯尼船长的身份。因为假扮洛浦兹医生的榻·凯纳代理不是莫比克－奎弗（线索1），而是海伦·格尔。这样根据线索3，艾伦·伯恩斯属于NSR，所以由排除法得出莫比克－奎弗来自诺德，并使用了尼尔森主教的身份。由于德吉瑞克不是HFO的代理（线索5），而是属于DPA，所以HFO的代理是莫比克－奎弗。最后，由于海伦·格尔不是来自格洛姆斯（线索2），所以他来自阿德瑞基，而德吉瑞克来自格洛姆斯。

答案：

艾伦·伯恩斯，埃斯波兰萨，NSR，赫斯尼船长。

德吉瑞克，格洛姆斯，DPA，汉斯·格拉巴。

海伦·格尔，阿德瑞基，榻·凯纳，洛浦兹医生。

莫比克－奎弗，诺德，HFO，尼尔森主教。

沙拉·罗帕姆，沃克斯，齐德尔，帕特尔教授。

009 罗马遗迹

刻在墓碑C上的物理学家不是卢修斯·厄巴纳斯（线索1），也不是刻在墓碑D上的朱尼厄斯·瓦瑞斯（线索3）；泰特斯·乔缪尔斯是个酒商（线索2），因此物理学家一定是在公元84年去世的马库斯·费迪尔斯（线索4）。这样根据线索1，卢修斯·厄巴纳斯在公元96年去世，并且推断出他是个职业拳击手（线索5）。现在排除法得出朱尼厄斯·瓦瑞斯是百人队长。他不在公元60年去世（线索6），而是在公元72年，通过排除法，泰特斯·乔缪尔斯是在公元60年去世，但他的名字不是刻在A上（线索2），而是在B上，A是职业拳击手卢修斯·厄巴纳斯的墓碑。

答案：

墓碑A，卢修斯·厄巴纳斯，职业拳击手，公元96年。

墓碑B，泰特斯·乔缪尔斯，酒商，公元60年。

墓碑C，马库斯·费迪尔斯，物理学家，公元84年。

墓碑D，朱尼厄斯·瓦瑞斯，百人队长，公元72年。

010 信件

3号信是寄给雪特小姐的（线索3）。由于1号信不是寄给梅尔先生的（线索4），也不是给本德先生的（线索1），因此它一定是给格林夫人的。根据线索5，3号信的收件人雪特小姐住在6号，但不可能在斯坦修恩路（线索6），也不是在斯达·德弗街（线索3）。10号在特纳芮大街（线索2），因此雪特小姐的地址是朗恩·雷恩街6号。线索1说明本德先生的信不是4号信，我们知道也不是1号或3号，那么一定是2号信，剩下4号信是寄给梅尔先生的。线索1

告诉我们，1号信寄到31号，这样根据线索4，梅尔先生的地址是45号，剩下本德先生的地址是特纳芮大街10号。最后由线索6得知，斯坦修恩路不是4号信上的地址，而是1号信上的地址，剩下斯达·德弗街45号是梅尔先生的完整地址。

答案：

1号信，格林夫人，斯坦修恩路31号。

2号信，本德先生，特纳芮大街10号。

3号信，雪特小姐，朗恩·雷恩街6号。

4号信，梅尔先生，斯达·德弗街45号。

011 战舰（七）

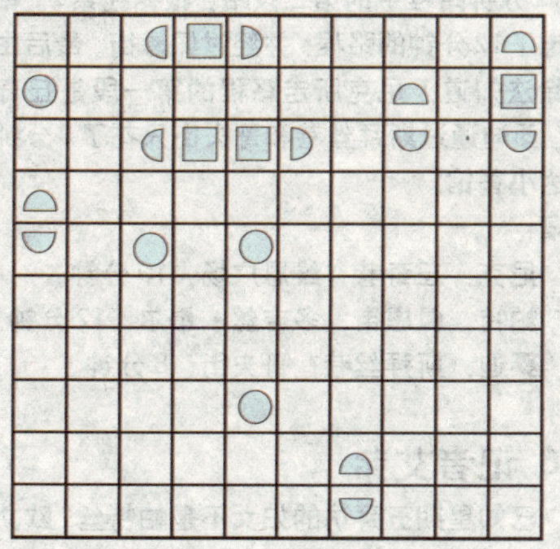

012 下火车后

已知索菲在多恩卡斯特上车（线索4）。根据线索1，黛安娜不是从约克角旅行回来，线索1和3又排除了她来自格兰瑟姆的可能，而且搭乘1号出租车的妇女来自格兰瑟姆，所以可以得出黛安娜在皮特博芮上火车。我们现在知道从格兰瑟姆来的乘客不是黛安娜或索菲，也不是伯尼的乘客帕查（线索3），因此她是安妮特。排除法得出帕查从约克角旅行回来。黛安娜的司机不是詹森（线索1），也不是诺埃尔（线索2），那么他就是克莱德，而她搭乘的是4号出租车（线索5）。然后根据线索1，詹森是3号出租车的司机，他的乘客不是伯尼的乘客帕查，而是索菲。最后通过排除法，我们知道安妮特的司机是诺埃尔，伯尼的车是2号车。

答案：

1号，诺埃尔，安妮特，格兰瑟姆。

2号，伯尼，帕查，约克角。

3号，詹森，索菲，多恩卡斯特。

4号，克莱德，黛安娜，皮特博芮。

013 上车和下车的乘客

由于在3号停靠点狐狸和兔子站（线索7）下车的女乘客不是在邮局站上车的莱斯利（线索5），也不是在欧文下车的站点上车的布伦达（线索4和7），那她一定是阿尔玛。因为在1号停靠站下车的男人（线索3）不是马克斯，因为马克斯的下车站点在他上车站点的后面，并且也不是西里尔（线索2），那他一定是欧文，而布伦达在1号站上车（线索4）。这站不是植物园（线索3）或来恩峡谷（线索6），也不是西里尔下车的市场广场（线索2），我们已经知道它不是狐狸和兔子站或莱斯利上车的邮局站，马克斯不在2号站点之前上车，根据线索8，国会街不是1号站点，马克斯不在2号站点下车，因此通过排除法，1号站点是板球场。线索3告诉我们，在6号站点下车的是布伦达。马克斯不在3号站点下车（线索7），那么2号站点不是国会街（线索8）。这个线索也说明国会街不是4号、5号或7号站点，我们知道它也不是1号或3号，那它一定是6号站点。由此得出马克斯在7号站点下车，而罗宾在这站上车（线索1和8）。上、下车的乘客排除了7号站点是邮局站或市场广场站的可能，它也不是来恩峡谷站（线索6），那就是植物园站。2号站点不是市场广场站，我们知道乔斯不在1号站点（线索2）或邮局站（线索5）下车，排除法得出他在来恩峡谷站下车。现在我们已经知道4个乘客下车的站点名。在3号狐狸和兔子站上车的阿尔玛不是在3号或2号来恩峡谷站下车，那她一定在莱斯利上车的邮局站下车，但不是4号站（线索8），我们知道也不是1号、

2号、3号、6号或7号，那只能是5号站。根据线索5，梅齐在3号狐狸和兔子站下车。通过排除法，4号站是市场广场，西里尔在这站下车，剩下乔斯在2号站下车。线索2告诉我们莱姆不是在2号或4号站上车，而是在6号站上车。在2号站梅齐还没有下车（线索5），皮特不在2号站上车，而是4号站，剩下马克斯在2号站上车。

答案：

1号，板球场，布伦达上车，欧文下车。

2号，来恩峡谷，马克斯上车，乔斯下车。

3号，狐狸和兔子站，阿尔玛上车，梅齐下车。

4号，市场广场，皮特上车，西里尔下车。

5号，邮局，莱斯利上车，阿尔玛下车。

6号，国会街，莱姆上车，布伦达下车。

7号，植物园，罗宾上车，马克斯下车。

014 默默无闻的富翁

因为300万欧元是3月份的花费（线索2），那么只出价100万欧元的罗马拍卖会不是在1月份或3月份（线索3），而卡尼莱特的作品成功出价是250万欧元（线索3），也排除了罗马拍卖会在4月份的可能。4月份买的是格列柯的画（线索5），线索3也说明罗马拍卖会不是在5月份，因此它一定在2月份，而卡尼莱特的作品是在1月份买到的（线索3）。在罗马买的画不是马耐特的（线索1），也不是卡尼莱特或格列柯的，而弗米亚的作品是在巴黎买到的（线索6），因此在罗马买的画一定是毕加索的。我们已经知道了在2月份和4月份买的画，线索1排除了马德里的拍卖会在1月份、3月份或5月份的可能，也不在2月份，那么一定在4月份，并且买的是格列柯的画。根据线索1，马耐特的画在5月份得到，剩下弗米亚的画是用300万欧元在3月份买的。现在由线索1得出，格列柯的画花了150万欧元，马耐特的画花了200万欧元。根据线索4，后者不是在阿姆斯特丹买的，而是在布鲁塞尔，剩下卡尼莱特的画是在阿姆斯特丹得到的。

答案：

1月，卡尼莱特，阿姆斯特丹，250万欧元。

2月，毕加索，罗马，100万欧元。

3月，弗米亚，巴黎，300万欧元。

4月，格列柯，马德里，150万欧元。

5月，马耐特，布鲁塞尔，200万欧元。

015 捷径

已知10分钟路程中维恩广场是其中的第二段路（线索3）。根据线索1，通过斯拜丝巷和哥夫街的路程不需要12分钟，因此这条路只需花8分钟，同一个线索得出尼克花了10分钟并经过维恩广场。通过排除法，多吉丝·希尔是12分钟路程中的第二段路，根据线索2，帕特走了12分钟的路程，并经过佩恩街。最后由排除法知道，尼克所走路程的第一段是丘奇巷，桑迪通过斯拜丝巷和哥夫街只花了8分钟到达小餐馆。

答案：

尼克，丘奇巷，维恩广场，10分钟。

帕特，佩恩街，多吉丝·希尔，12分钟。

桑迪，斯拜丝巷，哥夫街，8分钟。

016 记者艾弗

已知星期五拜访的妇女不是帕特丝·欧文（线索1）或小说家阿比·布鲁克（线索3），那么拜访的是利亚·凯尔，并且可以知道她是个流行歌手（线索2）；通过排除法，帕特丝·欧文是个电影演员，她被拜访的时间不是星期天（线索4），而是星期六，剩下小说家阿比·布鲁克是在星期天被采访的。根据线索1，星期五拜访的利亚·凯尔来自加拿大，根据线索3，星期六的被访者帕特丝·欧文来自澳大利亚，最后排除法得出，星期天的被访者小说家阿比·布鲁克来自美国。

答案：

星期五，利亚·凯尔，流行歌手，加拿大。

星期六，帕特丝·欧文，电影演员，澳大利亚。

星期天，阿比·布鲁克，小说家，美国。

017 填空（四）

B	A	E	C	D
D	C	A	B	E
E	B	D	A	C
A	D	C	E	B
C	E	B	D	A

018 欢度国庆

第2个村庄是丝特·多米尼克村（线索2）。丹尼斯住在村庄3（线索3），线索1说明波科勒村不是村庄1或村庄4，那么圣子埃特鲁米亚展览（线索1）一定在村庄3开展，丹尼斯观看了这场展览。线索1告诉我们克里斯多佛住在村庄2，安德烈住在墨维里（线索4），通过排除法，马丁所在的村庄是格鲁丝莫村，但它不是村庄1（线索5），而是村庄4，剩下村庄1是墨维里。住在那里的安德烈没有在街道上跳舞（线索3），也没有看电视（线索4），那他一定参加了烟花大会。由线索4得知马丁没有看电视，那她一定在街道上跳舞，剩下克里斯多佛呆在家里看电视。

答案：

村庄1，墨维里村，安德烈，烟花大会。

村庄2，丝特·多米尼克村，克里斯多佛，看电视。

村庄3，波科勒村，丹尼斯，圣子埃特鲁米亚展览。

村庄4，格鲁丝莫村，马丁，街道舞蹈。

019 度假

将去学习气球操纵的戈登夫人不在织物部门或园艺部门工作（线索3和2），也不在贴身衣物部门，因为在那里工作的妇女将度过一个潜水假日（线索6），而瑞雷小姐在体育部门（线索4）工作，因此戈登夫人一定在厨具部门工作，并且将去巴巴多斯岛（线索5）。将去参加水上运动的女士不在体育部门（线索1和4）或纺织部门工作（线索2），那她一定在园艺部门工作。来自纺织部门的女士不去亚洲（线索2），因此她不是将去泰国的沃克夫人（线索4）或布莱克小姐（线索1），我们知道她也不是戈登夫人或瑞雷小姐，那她必定是莫什夫人，她不去学习气球操纵、潜水或水上运动，也不去不明飞行物的测定地点（线索3），由此知道她一定是去参加鸟类学的探险活动的。通过排除法，来自体育部门的瑞雷小姐一定去了不明飞行物的测定地点。布莱克小姐不去参加水上运动（线索1），而是去潜水，并在贴身衣物部门工作，沃克夫人去泰国参加水上运动。去加利福尼亚的女士不是布莱克小姐或去参加鸟类学的探险活动的莫什夫人（线索1），而是瑞雷小姐。来自纺织部门的莫什夫人不去斯里兰卡（线索2），而是去佛罗里达。贴身衣物部门的布莱克小姐将去斯里兰卡。

答案：

布莱克小姐，贴身衣物部门，斯里兰卡，潜水。

戈登夫人，厨具部门，巴巴多斯岛，学习气球操纵。

莫什夫人，纺织部门，佛罗里达，鸟类学。

瑞雷小姐，体育部门，加利福尼亚，去不明飞行物的测定地点。

沃克夫人，园艺部门，泰国，水上运动。

020 过道上的顾客

由于1号位置的妇女（线索3）不是琼（线索4）或桑德拉（线索5），也不是查瑞丝或考林，因为他们两个在C过道上（线索7）。线索3排除了按字母顺序排列的名单上的第一个艾格尼丝，还有安妮和马吉，因为他们的名字在女顾客的后面，排除法得出1号位置上的是盖玛，那么8号顾客是戴伦（线索3），7号是安妮（线索5），马吉和杰夫都在A过道上（线索5）。由于每条过道上站着2个男顾客和2个女顾客（线索1），我们知道盖玛在A过道，所以线索6告诉我们马吉是4号顾客。然后根据线索5，杰夫一定是3号顾客。线索2提示马克也在A过道，因此通过排除法，他一定是2号顾客，现在由线索2得出威尔福是10号顾客，尼克是15号。又因为威尔福是10号顾客，线索7说明查瑞丝不是9号、10号或12号，这样由同条线索可以得出她一定是11号顾客，考林是12号。线索5现在提示桑德拉不在5号、6号、9号、13号或16号，剩下只能是14号顾客。那么奥利弗一定是9号（线索5）。现在线索4把琼放在6号位置上，鲍勃在5号位置。特德不是13号顾客（线索6），得出艾格尼丝是13号，剩下特德是16号顾客。

答案：

1.盖玛；2.马克；3.杰夫；4.马吉；5.鲍勃；6.琼；7，安妮；8，戴伦；9，奥利弗；10，威尔福；11.查瑞丝；12.考林；13.艾格尼丝；14.桑德拉；15.尼克；16.特德。

021 军队成员

已知4号士兵是所罗门·特普林（线索4），根据线索1，穿着灰色外衣的伊齐基尔·费希尔一定是2号或3号士兵，鼓手是1号或2号士兵。但1号是个步兵（线索3），因此鼓手是2号，伊齐基尔·费希尔是3号。现在我们已经知道一个士兵的兵种及另一个士兵的上衣颜色，可以推断出穿棕色上衣的配枪士兵（线索2）是4号士兵。然后通过排除法，穿灰色制服的伊齐基尔·费希尔是个炮手，根据线索2，2号鼓手必定是末底改·诺森，剩下1号步兵是吉迪安·海力克。他的上衣不是蓝色的（线索5），那就是红色，而2号鼓手末底改·诺森的制服是蓝色的。

答案：

1号，吉迪安·海力克，步兵，红色。

2号，末底改·诺森，鼓手，蓝色。

3号，伊齐基尔·费希尔，炮手，灰色。

4号，所罗门·特普林，配枪士兵，棕色。

022 签名售书

10号书摊上的作者不是大卫·爱迪生（线索1）、坦尼娅·斯瓦（线索2）、卡尔·卢瑟或拜伦·布克（线索3），也不是曼迪·诺布尔（线索4），因此一定是保罗·帕内尔。大卫·爱迪生的书摊在拜伦·布克及女作家的书摊之间（线索1），那他不可能在7号书摊。而拜伦·布克的书摊也不是7号（线索3），由此得出大卫·爱迪生不在6号书摊。3号书摊上的作者不是坦尼娅·斯瓦（线索2），也不是曼迪·诺布尔（线索4），大卫·爱迪生不在4号，那他一定在3号，而4号是拜伦·布克（线索1和3）。我们从线索1中知道，1号摊上是个女作者，她不是坦尼娅·斯瓦（线索2），可以得出她是曼迪·诺布尔。现在根据线索3，卡尔·卢瑟在6号摊，排除法得出坦尼娅·斯瓦在7号摊。根据线索3，坦尼娅·斯瓦的书是《英式烹调术》，而线索4告诉我们，《城市园艺》是3号摊的大卫·爱迪生所写。由线索2可以得出，《乘车向导》是10号摊的保罗·帕内尔所写，《自己动手做》这本书的作者是4号摊的拜伦·布克签售的。曼迪·诺布尔的书不是《超级适合》（线索4），而是《业余占星家》，剩下6号摊上卡尔·卢瑟签售的是《超级适合》。

答案：

1号，曼迪·诺布尔，《业余占星家》。

3号，大卫·爱迪生，《城市园艺》。

4号，拜伦·布克，《自己动手做》。

6号，卡尔·卢瑟，《超级适合》。

7号，坦尼娅·斯瓦，《英式烹调术》。

10号，保罗·帕内尔，《乘车向导》。

023 ABC（五）

A	B	C		
	C		A	B
B	A		C	
C		B		A
		A	B	C

024 黑猩猩

1号黑猩猩不是罗莫娜（线索1）、里欧或格洛里亚（线索2），也不是贝拉（线索3），那它一定是珀西。5号黑猩猩的母亲不是格雷特（线索1）、克拉雷（线索2）、爱瑞克（线索3）或马琳（线索4），而是丽贝卡。由此得出4号黑猩猩的母亲是马琳（线索4）。1号黑猩猩珀西的母亲不是格雷特（线索1）或克拉雷（线索2），那一定是爱瑞克。珀西和格雷特的后代都不是在11月出生（线索1），克拉雷（线索2）或丽贝卡（线索4）的后代也不是，因此在11月生产的是马琳。现在可以知道在10月生产的丽贝卡（线索4）是5号黑猩猩的母亲。根据线索3，贝拉是2号黑猩猩。5号黑猩猩不是罗莫娜（线索1）或里欧（线索2），而是格洛里亚。里欧是4号黑猩猩（线索2），排除法得出罗莫娜是3号。根据线索2，3号罗莫娜是克拉雷的后代，排除法可以知道格雷特是贝拉的母亲。在7月出生的黑猩猩不是罗莫娜（线索1）或贝拉（线索3），那一定是珀西。贝拉在8月出生（线索3），最后通过排除法得出罗莫娜在9月出生。

答案：

1号，珀西，7月，爱瑞克。
2号，贝拉，8月，格雷特。
3号，罗莫娜，9月，克拉雷。
4号，里欧，11月，马琳。
5号，格洛里亚，10月，丽贝卡。

025 追溯祖先

农民不是在1638年（线索6）或1641年（线索5和6）移民，铁匠在1647年移民（线索2），那么他一定是在1644年离开英国，由此可以知道他就是亚伯·克莱门特（线索3）。根据线索6，木匠在1641年离开英国，通过排除法，来自诺福克并在1638年移民（线索5）的人是军人迈尔斯·罗维（线索4）。木匠不是泰门·沃丝皮（线索6），那他就是来自德文郡的杰贝兹·凯特力（线索1），排除法得出泰门·沃丝皮是1647年离开的铁匠，他不是来自柴郡（线索2），而是肯特。柴郡是农民亚伯·克莱门特的家乡。

答案：

亚伯·克莱门特，农民，柴郡，1644年。
杰贝兹·凯特力，木匠，德文郡，1641年。
迈尔斯·罗维，军人，诺福克，1638年。
泰门·沃丝皮，铁匠，肯特，1647年。

026 自力更生

"信天翁"由一家唱片公司赞助（线索3），托尔·努森的船由一家印刷公司赞助（线索1），乔·恩格的船"曼维瑞克Ⅱ"不是由电脑制造商赞助（线索4），所以一定是由银行赞助。"海盗船"不是由印刷公司赞助的托尔·努森的船（线索1），而是由电脑制造商赞助的，通过排除法，托尔·努森的船就是那艘名为"半月"的船。"海盗船"在6号靠岸（线索1），所以它不是3号靠岸的罗宾·福特的船（线索2），那它就是尼克·摩尔斯的。通过排除法，3号靠岸的罗宾·福特的船名为"信天翁"。然后根据线索3，由银行赞助的"曼维瑞克Ⅱ"在4号靠岸。最后通过排除法，托尔·努森的"半月"在5号靠岸。

答案：

"信天翁"，3号，罗宾·福特，唱片公司。
"半月"，5号，托尔·努森，印刷公司。
"曼维瑞克Ⅱ"，4号，乔·恩格，银行。
"海盗船"，6号，尼克·摩尔斯，电脑制造商。

027 四人车组

因为摄像师姓贝瑞（线索3），坐在D位置的鸟类学专家是个男的（线索2），因此瓦内萨·鲁特（线索1）不是录音师，而是植物学家。她不在C位置上（线索3），又因为她的斜对面是录音师（线索1），所以她不在A位置上（线索2），我们知道她也不在D位置，那么她一定在B位置。这样根据线索1，录音师在C位置，通过排除法，摄像师贝瑞在A位置。坐在D位置的鸟类学专家不姓温（线索2），而姓福特，因此他不叫盖伊（线索4），而叫罗伊（线索2）。现在通过排除法，C位置的录音师姓温。A位置的贝瑞不叫艾玛（线索3），而叫盖伊，剩下C位置的录音师是艾玛·温。

答案：

位置A，盖伊·贝瑞，摄像师。

位置B，瓦内萨·鲁特，植物学家。

位置C，艾玛·温，录音师。

位置D，罗伊·福特，鸟类学专家。

028 野鸭子

因为沃德拜别墅在4号位置（线索2），那么在1号位置筑巢的不是养了7只小鸭子的戴西（线索1），也不是迪力（线索3），线索4排除了多勒，通过排除法得出是达芙妮。然后根据线索5，5只小鸭子在2号别墅的花园里。我们知道拥有小鸭子数最多的不是戴西、多勒（线索4）或迪力（线索3），而是达芙妮，她拥有8只小鸭子。1号位置小鸭子的数量比2号位置上的多3只，线索3排除了迪力在2号花园里的可能，已知多勒有5只小鸭子，剩下迪力有6只小鸭子。这样根据线索3，罗斯别墅是戴西和她的7只小鸭子的家。我们知道它们不在1号、2号或4号位置，那么一定在3号位置，根据排除法和线索3，迪力在4号沃德拜别墅的花园里抚养她的6只小鸭子。线索1现在告诉我们洁丝敏别墅在2号位置，剩下1号是来乐克别墅。

答案：

1号，来乐克别墅，达芙妮，8只。

2号，洁丝敏别墅，多勒，5只。

3号，罗斯别墅，戴西，7只。

4号，沃德拜别墅，迪力，6只。

029 堆积（五）

从上到下：D，A，C，B，F，E。

030 刺绣展览

2号作品不可能是凯维丝夫人的（线索1），也不是福瑞木夫人的（线索2）。线索4告诉我们萨利·斯瑞德的作品在3或4号位置，这样通过排除法，2号作品是尼得勒夫人的。然后根据线索5，以斯帖刺绣了1号作品，但不是《雪景》（线索1）或《河边》（线索3），伊冯刺绣了《村舍花园》（线索2），可以得出以斯帖的作品是《乡村客栈》。接着根据线索4，萨利·斯瑞德制作了4号作品。根据线索3，赫尔迈厄尼就是刺绣2号作品的尼得勒夫人。排除法得出3号作品是伊冯的《村舍花园》，但她不是福瑞木夫人（线索2），而是凯维丝夫人，剩下福瑞木夫人是以斯帖。赫尔迈厄尼没有刺绣《河边》（线索3），因此她的作品一定是《雪景》，剩下《河边》是萨利·斯瑞德的作品。

答案：

1号，《乡村客栈》，以斯帖·福瑞木。

2号，《雪景》，赫尔迈厄尼·尼得勒。

3号，《村舍花园》，伊冯·凯维丝。

4号，《河边》，萨利·斯瑞德。

031 机车发动机

一辆机车在1879年7月制造（线索3）。1月份制造的莫特·卡梅尔不是始于1883年（线索4），也不是1887年，因为1887年发动机的制造月份比莫特·埃梢丝的制造月份大（线索1），那么它一定始于1891年。现在根据线索1，1887年制造的发动机不在4月份制造，也不是在7月份，因此一定在12月份。通过排除法，1883年的发动机在4月制造，而根据线索5，1879年的发动机在NTM。莫特·埃梢丝在南萨克福马火车站（线索1），因此它不1879年制造的，我们知道它也不是1891年或1887年的（线索1），得出它一定始于1883年。我们现在知道丹弗地尔火车站的发动机不是在1879年或1883年制造，而且它比莫特·斯诺登峰晚4年制造（线索2），莫特·埃梢丝在1883年制造，也不是始于1887年，因此它一定是在1891

年完成的莫特·卡梅尔。根据线索2，莫特·斯诺登峰在1887年制造。通过排除法，它在马球丝火车站，而1879年7月的发动机莫特·埃维瑞斯特在NTM。

答案：

莫特·埃梢丝，1883年4月，南萨克福马火车站。

莫特·卡梅尔，1891年1月，丹弗地尔火车站。

莫特·埃维瑞斯特，1879年7月，NTM。

莫特·斯诺登峰，1887年12月，马球丝火车站。

032 庄严的参观

因为在星期四参观的儿童农场在两处住宅中一处内（线索2），并且披肩是在有服装展的景点买的（线索6），因此哈福特礼堂的景点一定是迷宫，我们在那里买了钢笔（线索4）。星期一我们买了书签（线索1），因此那天参观的一定不是举办了服装展或者是有迷宫的景点，也不是有微型铁路的景点（线索1）。儿童农场是星期四参观的一部分，因此星期一参观的一定是古老汽车展。哈特庄园是在星期二参观的（线索2）。那里的主要景点不是迷宫（线索3），因此杯子不是在星期四买的（线索3），也就不是在儿童农场买的，而是在有微型铁路的建筑里买的。我们现在知道那天不是星期一或星期二（线索3），星期一的参观包括古老汽车展，杯子不可能在星期三买的。儿童农场是星期四的参观部分，那么得出杯子是在星期五买的。因此星期三我们在哈福特礼堂买钢笔并参观迷宫（线索3），剩下星期二的参观地点是哈特庄园，我们在那里买了披肩并参观了服装展。通过排除法，我们在儿童农场买了盘子，那是一套住宅，但不是欧登拜住宅（线索5），而是格兰德雷住宅。书签不是在保恩斯城堡里买的（线索1），那么它是星期一参观欧登拜住宅的纪念品，剩下保恩斯城堡拥有微型铁路，我们在那里买了杯子留作纪念。

答案：

星期一，欧登拜住宅，书签，古老汽车展。

星期二，哈特庄园，披肩，服装展。

星期三，哈福特礼堂，钢笔，迷宫。

星期四，格兰德雷住宅，盘子，儿童农场。

星期五，保恩斯城堡，杯子，微型铁路。

033 机车

由于亚历山大是深红色和白色外表（线索2）。罗德·桑兹不是橄榄绿色（线索3），因此它是猩红色和黄色，而橄榄绿的机车是沃克斯·阿比，属于阿比类（线索1），并在1942年制造（线索3）。亚历山大不是越野类型的发动机（线索2），因此是商务车类型的，而越野类型的发动机是罗德·桑兹，它不是始于1909年（线索4），而是在1926年制造的，1909年的机车是亚历山大。

答案：

亚历山大，商务车类，深红/白色，1909年。

罗德·桑兹，越野类，猩红/黄色，1926年。

沃克斯·阿比，阿比类，橄榄绿，1942年。

034 移民

基德拜夫妇有2个孩子（线索4），因此不只有1个孩子的希金夫妇（线索3）一定有3个孩子，并且他们去了澳大利亚（线索1）。通过排除法，去新西兰的布里格夫妇只有一个孩子；排除法又可以得出基德拜夫妇去了加拿大。希金夫妇不是开旅馆（线索1）或鱼片店（线索3），因此他们经营的一定是农场。鱼片店不是由布里格夫妇经营的（线索2），那么一定是基德拜夫妇经营的，布里格夫妇所做的生意是开旅馆。

答案：

布里格夫妇，1个，新西兰，旅馆。

希金夫妇，3个，澳大利亚，农场。

基德拜夫妇，2个，加拿大，鱼片店。

035 战舰（八）

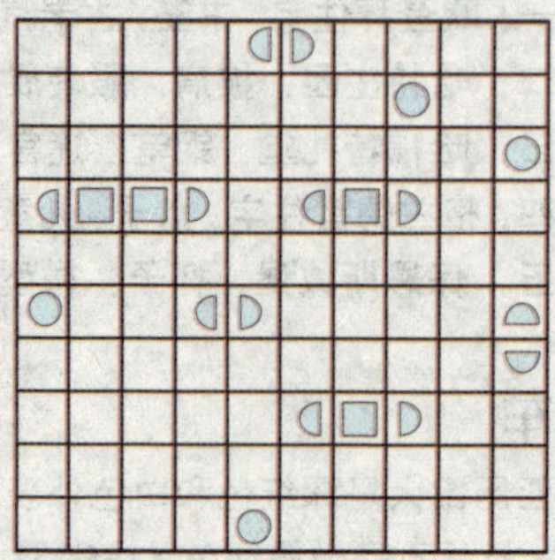

036 帕劳旅馆之外

来恩·摩尔是76岁（线索4），74岁的退休邮递员不是珀西·奎因（线索2），也不是牧场主人乔·可比（线索1），因此一定是C位置上的罗恩·斯诺。这样根据线索2，珀西·奎因在D位置上，他不是72岁（线索3），而是78岁，剩下乔·可比是72岁。来恩·摩尔不是马医（线索4），而是机修工。因此他不在B位置上（线索5），而在A位置上，剩下B位置上的是乔·可比。通过排除法，78岁的珀西·奎因在D位置上，并且是个马医。

答案：

位置A，来恩·摩尔，76岁，机修工。

位置B，乔·可比，72岁，牧场主人。

位置C，罗恩·斯诺，74岁，邮递员。

位置D，珀西·奎因，78岁，马医。

037 吉祥物与禁忌

由于艾弗·塔里斯蒙的幸运数字是4（线索3），芬格斯·克洛斯的幸运数字是个偶数，比拥有幸运钥匙环的人的幸运数字小1（线索2），因此他的幸运数字是6，并认为在旧的衣服上缝上一颗钮扣是特别不幸的（线索6）。这样得出拥有幸运钥匙环的人的幸运数字是7。从不在室内打开雨伞的威尔·塔吉沃德的幸运数字比拥有幸运小盒的人的幸运数字大3（线索1），因此前者的幸运数字不是10而是7。同样根据线索1，幸运小盒属于艾弗·塔里斯蒙，他的幸运数字是4。芬格斯·克洛斯的幸运吉祥物不是兔脚，因为兔脚属于不想在梯子下行走的人（线索5），也不是里欧·斯坦的6便士银币（线索4），那么必定是连衫衬裤。通过排除法，斯特拉·弗秋尼是那个从来不想在梯子下行走并总是带着幸运兔脚的人。里欧·斯坦的幸运数字不是5（线索4），而是10，剩下5是斯特拉·弗秋尼的幸运数字。最后，艾弗·塔里斯蒙的禁忌不是不准把新鞋子放在桌上（线索3），而是不能打破镜子，不准把新鞋子放在桌上是里欧·斯坦的禁忌。

答案：

芬格斯·克洛斯，在旧衣服上缝扣子，连衫衬裤，6。

艾弗·塔里斯蒙，打破镜子，小盒，4。

里欧·斯坦，把新鞋子放在桌上，6便士银币，10。

斯特拉·弗秋尼，在梯子下行走，兔脚，5。

威尔·塔吉沃德，在室内打开雨伞，钥匙环，7。

038 得克萨斯州突击队

多比来自拉雷多（线索4），马修斯不是来自圣地亚哥（线索2）或福特·沃氏（线索3），并且他的缺点是玩女人（线索3），也不是不留活口的那名突击队员（线索5），因此他一定来自艾尔·帕索，并且他的名字是皮特（线索6）。来自圣地亚哥的人不姓多比（线索4），那么就姓海德。我们知道他不是喜欢玩女人的人，不是酒鬼或不能引进囚犯的那个人，也不是通缉犯（线索1），因此他一定是个赌徒。特迪·舒尔茨不是赌徒或通缉犯（线索1），所以他是那个击毙囚犯的人，并且来自休斯顿。通过排除法，弗累斯来自福特·沃氏。乔希不是通缉犯（线索6），而是赌徒海德。最后，由于奇克不姓弗累斯（线索4），而是来自拉雷多的多比，所以排除法得出，他就是那个通缉犯。剩下酒鬼埃尔默是来自福特·沃氏的弗累斯。

答案：

奇克·多比，拉雷多，通缉犯。

埃尔默·弗累斯，福特·沃氏，酒鬼。

乔希·海德，圣地亚哥，赌徒。

皮特·马修斯，艾尔·帕索，玩女人。

特迪·舒尔茨，休斯顿，击毙囚犯。

039 电影制片厂

由于言情电影（线索1）、枪战电影（线索2）和喜剧片（线索5）都不在C制片厂上，因此通过排除法，拉娜·范姆帕担任女主角的警匪片（线索4）是在那里拍摄的。然后根据线索4，奥尔弗·楞次在B制片厂担任导演。我们知道他不是和拉娜·范姆帕一起工作，线索1也排除了海伦·皮奇在B制片厂工作的可能。西尔维亚·斯敦汉姆由卡尔·卡马拉导演（线索3），因此奥尔弗导演多拉·贝尔。海伦·皮奇不在D制片厂工作（线索1），而是在A制片厂，剩下卡尔和西尔维亚在D制片厂工作。线索1现在告诉我们，奥尔弗和多拉在拍言情电影，这样根据线索2，枪战电影一定在A制片厂拍摄，喜剧在D制片厂。线索2得出，沃尔多·特恩汉姆在C制片厂导演警匪片，鲍里斯·旭茨在A制片厂导演枪战电影，其中海伦·皮奇是女主角。

答案：

A制片厂，枪战，鲍里斯·旭茨，海伦·皮奇。

B制片厂，言情，奥尔弗·楞次，多拉·贝尔。

C制片厂，警匪，沃尔多·特恩汉姆，拉娜·范姆帕。

D制片厂，喜剧，卡尔·卡马拉，西尔维亚·斯敦汉姆。

040 破纪录者

由于凯瑞的运动项目不是100米或400米（线索1），她也不是在跳远比赛中获胜的1号女孩（线索1和4），因此通过排除法，她一定破了标枪比赛的纪录。1号位置上的不是跑步运动员，所以凯瑞不是2号女孩（线索1），同一个线索排除了她是1号或4号的可能，所以她在3号位置。400米冠军哈蒂不叫瓦内萨（线索5），我们知道她不叫凯瑞。赫尔的名字是戴尔芬（线索2），那么哈蒂就是洛伊斯。她不在2号位置（线索3），而她的运动项目排除了1号和3号位置，因此她一定在照片中的4号位置。1号女孩不是戴尔芬·赫尔（线索2），而是瓦内萨，戴尔芬是2号女孩，排除法得出戴尔芬的运动项目是100米。最后根据线索4，瓦内萨不姓福特，而姓斯琼，剩下凯瑞是福特小姐。

答案：

1号，瓦内萨·斯琼，跳远。

2号，戴尔芬·赫尔，100米。

3号，凯瑞·福特，标枪。

4号，洛伊斯·哈蒂，400米。

041 寻找骨牌（五）

1	3	4	0	2	3	0	0
6	5	5	1	2	3	4	6
4	4	4	2	2	5	5	6
3	1	0	0	3	0	5	6
6	1	1	2	2	5	3	3
1	5	6	0	2	5	6	1
4	0	4	6	2	4	1	3

042 请集中注意力

埃格要去拜访岳母（线索2），穿着绵羊皮外套的男人打算修他的小圆舟（线索5），并且穿着小牛皮上衣的奥格不打算粉刷他的窑洞墙壁（线索4），因此他一定是去钓鱼。由于穿着绵羊皮外套的男人不是阿格（线索5），我们知道他也不是埃格或奥格，那么他是艾格。通过排除法，剩下阿格是准备粉刷窑洞墙壁的男人。穿着绵羊皮外套的艾格不在1号位置（线索1），也不在3号位置，因为3号穿着山羊皮上衣（线索3），而线索1和3排除了他在4号位置的可能，那么他一定在2号位置，1号穿着狼皮上衣（线索1），剩下穿着小牛皮上衣的奥格在4号位置。线索5说明阿格在1号位置，他穿着狼皮上衣，通过排除法，在3号位置上穿着山羊皮上衣的人是埃格，就是那个打算拜访岳母的人。

答案：

1号，阿格，粉刷窑洞墙壁，狼皮。

2号，艾格，修小圆舟，绵羊皮。

3号，埃格，拜访岳母，山羊皮。

4号，奥格，钓鱼，小牛皮。

043 一夜暴富

菲利普·兰德得到了80万英镑（线索6），发现一幅旧油画的人得到70万英镑（线索2）。根据线索1，里约热内卢的银行抢劫犯得到的钱不是60万英镑、70万英镑或90万英镑；在新奥尔良的人得到了50万英镑（线索5），因此抢劫银行的人得到了80万英镑，并且他是菲利普·兰德。叔叔的继承人伊恩·戈尔登得到了90万英镑。卖自己公司的人得到的不是50万英镑（线索3），因此通过排除法，他得到了60万英镑，得到50万英镑并住在新奥尔良的那个人中了彩票。线索3得出，他是肖恩·坦纳。发现油画的人不是莱昂内尔·马克（线索2），所以他一定是住在塞舌尔的艾德里安·巴克（线索4）。现在通过排除法，卖公司的那个人是莱昂内尔·马克，而他家不在百慕大群岛（线索2），而在帕果－帕果，伊恩·戈尔登住在百慕大群岛。

答案：

艾德里安·巴克，塞舌尔，发现油画，70万英镑。

伊恩·戈尔登，百慕大群岛，继承叔叔，90万英镑。

莱昂内尔·马克，帕果－帕果，卖公司，60万英镑。

菲利普·兰德，里约热内卢，抢劫银行，80万英镑。

肖恩·坦纳，新奥尔良，中彩票，50万英镑。

044 警察队

已知格兰·泰勒在1998年7月加入（线索7）。1999年3月加入并扮演要辞职角色的演员不是贝利·佩奇（线索3），也不是扮演要被调走的莫娜·杨（线索5）。根据线索2，他不是道恩·塞尔拜，由此得出他是扮演检查员维姆斯的约翰·维茨（线索4）。我们知道扮演被枪杀的演员不在1999年3月加入，而线索2排除了1999年8月，根据同一个线索，他（她）一定是在1998年加入，而道恩·塞尔拜在1997年10月加入。然后根据线索6，道恩扮演的是乌尔夫。而我们知道她不是被调走或枪杀或辞职，坎普恩警察被监禁（线索7），因此斯格特·乌尔夫将退休。我们现在已经知道3个角色离开的原因，而1998年7月加入的格兰·泰勒扮演的角色没有被监禁（线索7），那么她一定被枪杀。排除法得出，贝利·佩奇扮演了被监禁的坎普恩警察。莫娜·杨的角色不是芬警察（线索5），而是马洛警察。因此她不是在1998年5月加入（线索1），而是在1999年8月，剩下贝利·佩奇的加入时间是1998年5月。最后排除法得出，芬警察就是格兰·泰勒扮演的被枪杀的角色。

答案：

贝利·佩奇，坎普恩警察，1998年5月，被监禁。

道恩·塞尔拜，乌尔夫警官，1997年10月，退休。

格兰·泰勒，芬警察，1998年7月，被枪杀。

约翰·维茨，维姆斯检查员，1999年3月，辞职。

莫娜·杨，马洛警察，1999年8月，被调走。

045 美好的火车旅行

已知斯杰普生德桥是第2号桥（线索2）。4号桥不是托福汉姆桥（线索1）或悬臂建筑维斯吉格桥（线索4），那么一定是埃斯博格桥。第1条河不是被吊桥横跨的波罗特（线索1），也不是戴斯尔河（线索3）或科玛河（线索4），因此一定是斯沃伦河。我们现在知道托福汉姆桥和维斯吉格桥是1号或3号桥，那么波罗特河（线索1）和科玛河（线索4）不可能是3号河，因此排除法得出第3条河是戴斯尔，而它上面的桥不是拱桥（线索3），也不是摆桥（线索5）或吊桥，而是悬臂桥维斯吉格。根据线索4，科玛是被埃斯博格横跨的第4条河。通过排除法，第1条河斯沃伦被托福汉姆横跨，线索1得出，在波罗特河上的吊桥就是2号桥斯杰普生德。根据线索1和5，1号桥托福汉姆是座拱桥，而4号桥埃斯博格在科玛河上，并且是座摆桥。

答案：

1号桥，托福汉姆桥，斯沃伦河，拱桥。

2号桥，斯杰普生德桥，波罗特河，吊桥。

3号桥，维斯吉格桥，戴斯尔河，悬臂桥。

4号桥，埃斯博格桥，科玛河，摆桥。

046 洗车工

由于那辆普乔特是黄色的（线索3），比尔清洗的红车不是福特车（线索1），因此得出红车是沃克斯豪，而福特车是蓝色的并属于派恩先生（线索2）。我们现在知道比尔清洗的是沃克斯豪，派恩先生的车是福特，罗里清洗的斯蒂尔先生的车（线索4）一定是黄色的普乔特。剩下卢克清洗的车是派恩先生的福特，最后排除法得出，比尔清洗的红色的沃克斯豪是科顿先生的。

答案：

比尔，科顿先生，沃克斯豪，红色。

卢克，派恩先生，福特，蓝色。

罗里，斯蒂尔先生，普乔特，黄色。

047 填空（五）

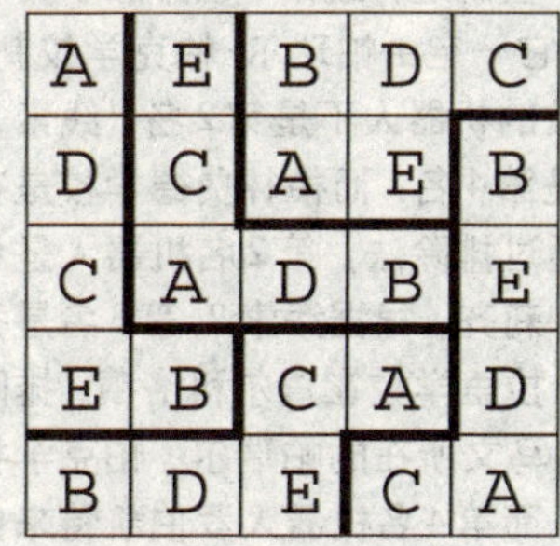

A	E	B	D	C
D	C	A	E	B
C	A	D	B	E
E	B	C	A	D
B	D	E	C	A

048 在购物中心工作

由于赫尔拜店是家化学药品店（线索4），面包店不是罗帕店（线索1），因此一定是万斯店，而罗帕店是家零售店。这家店没有雇佣卡罗尔·戴（线索3）或艾玛·发，因为后者在面包店工作（线索2），所以他们雇佣的是安·贝尔，而卡罗尔·戴在赫尔拜化学药品店工作，但她的工作不是9月份开始的（线索4），艾玛·发也不是在9月份开始工作（线索1），因此9月份开始工作的一定是安·贝尔。艾玛·发开始工作的时间不是8月份（线索2），而是7月份，而卡罗尔·戴开始工作的时间是8月份。

答案：

安·贝尔，罗帕店，零售店，9月份。

卡罗尔·戴，赫尔拜店，化学药品店，8月份。

艾玛·发，万斯店，面包店，7月份。

049 机器人时代

由于豪格特学校的得第5名的机器人不是得第1名的马文，不是罗伯凯特（线索1），不是由希拉里学校制造的亭·莉齐或乔科塞罗斯（线索2），因此一定是安·安德。豪格特学校在马特恩镇（线索6）。来自查尔科洛镇的学校的机器人的名次在格林费德学校的机器人的前两位（线索2），所以前者不可能是第3名，而福林特维尔的机器人也没有得第3名（线索4）。由格立特福特的一所学校制造的机器人是第4名（线索3），因此第3名一定来自山蒂布瑞的基尔·希尔学校（线索5）。我们现在知道第1

名的马文不是由豪格特学校、希拉里学校或基尔·希尔学校制造，线索2也排除了格林费德学校，因此它一定由帕瑞尔·帕克学校制造。格林费德学校的机器人不是第2名（线索2），那么它一定是第4名，而格林费德学校是在格立特福特。通过排除法，第2名机器人是希拉里学校的亭·莉齐。根据线索2，第3名是乔科塞罗斯，而希拉里学校在查尔科洛镇。排除法得出，第1名马文所在的帕瑞尔·帕克学校在福林特维尔，而第4名机器人罗伯凯特来自格立特福特的格林费德学校。

答案：

第1名，马文，帕瑞尔·帕克学校，福林特维尔。

第2名，亭·莉齐，希拉里学校，查尔科洛。

第3名，乔科塞罗斯，基尔·希尔学校，山蒂布瑞。

第4名，罗伯凯特，格林费德学校，格立特福特。

第5名，安·安德，豪格特学校，马特恩。

050 送午餐

由于会计部职员订了火腿三明治（线索3），人事部职员要了油炸圈饼（线索5），而奶酪三明治和胡萝卜蛋糕不是由接待处和销售处的人订购的（线索1），因此一定是由行政部职员订的，但不是玛丽亚（线索2）和在接待处工作的洁尼（线索1），不是订巧克力甜饼的艾莉森（线索4），也不是订金枪鱼三明治的科林（线索6），而是加里。接待处的洁尼没有要鸡蛋三明治（线索1），那么她一定选择了鸡肉三明治，但没有要胡萝卜蛋糕、甜饼或油炸圈饼。要鸡肉三明治的人没有同时要橘子汁（线索2），因此洁尼另外要的是油炸马铃薯片。玛丽亚没有订购橘子汁（线索2），由此得出她是订购油炸圈饼的人事部职员。通过排除法，科林要了金枪鱼三明治和橘子汁，他不在会计部工作，因为会计部职员订了火腿三明治，所以他一定在销售部。现在我们可以知道艾莉森是会计部职员，她将享受她的火腿三明治和甜饼，而人事部的玛丽亚订购了鸡蛋三明治还有油炸圈饼。

答案：

艾莉森，会计部，火腿三明治，巧克力甜饼。

科林，销售部，金枪鱼三明治，橘子汁。

加里，行政部，奶酪三明治，胡萝卜蛋糕。

洁尼，接待处，鸡肉三明治，油炸马铃薯片。

玛丽亚，人事部，鸡蛋三明治，油炸圈饼。

051 沿下游方向

由于C位置上的旅店名是升起的太阳（线索3），D位置上的船属于凯斯家庭（线索4），因此根据线索1，停泊在挪亚方舟处的费希尔家庭的船在B位置上，而斯恩费希船在A位置上。我们知道停在狗和鸭码头的帕切尔号（线索2）不在A、B或C位置上，所以它一定属于D位置上的凯斯家庭。现在通过排除法，A位置上的旅店是钓鱼者休息处。罗德尼家庭的船不是停靠在升起的太阳处（线索3），而是在A位置上的钓鱼者休息处，并且是斯恩费希号，剩下停在C位置上的升起的太阳处的船属于德雷克家庭，但不是南尼斯号（线索3），而是罗特斯号，费希尔家庭的船南尼斯停在B位置上的挪亚方舟处。

答案：

位置A，罗德尼，斯恩费希，钓鱼者休息处。

位置B，费希尔，南尼斯，挪亚方舟。

位置C，德雷克，罗特斯，升起的太阳。

位置D，凯斯，帕切尔，狗和鸭客栈。

052 路径逻辑（四）

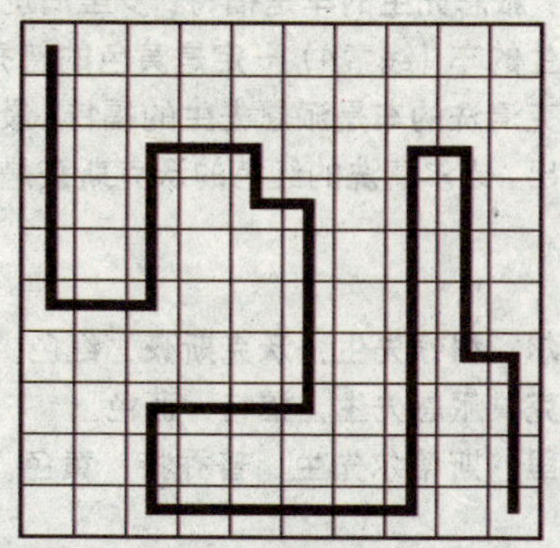

053 杰克和吉尔

由于他们计划星期三去喂猫（线索4），星期四去草地（线索2），所以根据线索1可以知道，他们星期二去山上取水，星期一沿2号方向前进。他们声称朝4号方向前进是去清理茶匙（线索3），因此那天不是星期一，也不是星期二或星期三，那么一定是星期四，并且是去草地。剩下星期一他们去割卷心菜，但不是在河边（线索5），而是在树林中，剩下河边是他们星期三去喂猫的地方，但不是在1号方向（线索4），而是在3号方向，最后得出他们在星期二沿1号方向去爬山。

答案：

1号方向，星期二，山上，取水。

2号方向，星期一，树林，割卷心菜。

3号方向，星期三，河边，喂猫。

4号方向，星期四，草地，清理茶匙。

054 跨栏比赛

海吉斯在2号位置（线索4）。由于4号马上的选手不是迪克兰（线索3）或沃特（线索5），因此他一定是赫多尔。这样根据线索2，安德鲁就是骑2号马的海吉斯。1号马不是“跳羚”（线索1），不是“杰克”（线索3），也不是被加百利骑着的“跳过黑暗”（线索5），因此一定是“小瀑布”。我们现在知道安德鲁的马不是“小瀑布”或“跳过黑暗”，也不是“跳羚”（线索1），那么就是“杰克”。现在线索3说明迪克兰·吉姆帕是骑1号马“小瀑布”的选手。通过排除法，沃特骑3号马。根据线索5，4号马是“跳过黑暗”，剩下沃特骑的是“跳羚”。现在已经知道赫多尔就叫加百利，而沃特是吉斯杰姆的姓。

答案：

1号，“小瀑布”，迪克兰·吉姆帕。

2号，“杰克”，安德鲁·海吉斯。

3号，“跳羚”，吉斯杰姆·沃特。

4号，“跳过黑暗”，加百利·赫多尔。

055 赫尔墨斯计划

乃尔特中尉将指挥赫尔墨斯3号（线索5），去奎特麦斯，由托勒尔少校指挥的那一队不是赫尔墨斯4号或5号（线索1），而赫尔墨斯1号是要停靠在盖洛克角的（线索2），所以托勒尔少校指挥的飞船是赫尔墨斯2号。结合线索1得出，雷·塞奇上校是赫尔墨斯4号的飞行员。李少校和罗斯科少校不可能是赫尔墨斯1号的成员（线索4），他们其中一个人或两个人的名字排除了是赫尔墨斯2号、3号或4号的可能性，所以他们所乘飞行器是赫尔墨斯5号。因此，普拉德上校可能是赫尔墨斯1号或4号的指挥官。赫尔墨斯2号是要停靠在奎特麦斯环形山旁的，因此线索3排除赫尔墨斯1号是普拉德上校的船的可能性，他指挥的是赫尔墨斯4号。再根据线索3，马文山一定是赫尔墨斯5号的降落地点。综上所述，赫尔墨斯1号的指挥官是高夫中校（线索6），赫尔墨斯3号的飞行员不是尼古奇上校（线索5），所以一定是亚当斯少校。而尼古奇上校是托勒尔少校在赫尔墨斯2号的飞行员。现在根据线索6，约翰卡特环形山旁不是赫尔墨斯3号的停靠点，那是赫尔墨斯4号的，赫尔墨斯3号将停靠在埃特莱茨山附近。

答案：

赫尔墨斯1号，高夫中校，卡斯特罗上校，盖洛克角。

赫尔墨斯2号，托勒尔少校，尼古奇上校，奎特麦斯。

赫尔墨斯3号，乃尔特中尉，亚当斯少校，埃特莱茨山。

赫尔墨斯4号，普拉德上校，雷·塞奇上校，约翰卡特。

赫尔墨斯5号，李少校，罗斯科少校，马文山。

056 骑士的马

星期一买的褐色马（线索7）不是索勒先生买的杂交马（线索1），也不是老马（线索6）

或患有关节炎的栗色马（线索3），其中一条腿短的马是在星期三购买的（线索5），因此通过排除法，它一定是得了白内障的那匹马，那么它不是由鲍特恩先生购买（线索4），也不是被索勒先生购买。特美德先生在星期四买了匹马（线索2），考沃德先生买了匹花斑马（线索6），因此一定是斯拜尼立斯先生在星期一买了这匹褐色马。这样根据线索3，有个骑士在星期二买了患有关节炎的栗色马。现在我们已经把有缺陷的4匹马和各自的购买者或购买日期配对，因此特美德先生在星期四购买的马是匹老马。考沃德先生的花斑马不是在星期一或星期二买的，而是在星期三，并且那匹马其中一条腿短一点（线索6）。剩下星期五这天索勒先生买了杂交马，但不是黑色的（线索1），而是灰色的，剩下黑马是特美德先生在星期四购买的老马。最后根据排除法，患有关节炎的栗色马的购买者是鲍特恩先生。

答案：

考沃德·德·卡斯特爵士，星期三，花斑马，一条腿短。

鲍特恩·阿·格斯特爵士，星期二，栗色，关节炎。

索勒·阿·弗瑞迪爵士，星期五，灰色，杂交马。

斯拜尼立斯·德·费特爵士，星期一，褐色，白内障。

特美德·得·什科爵士，星期四，黑色，老马。

057 曼诺托1号

A位置上的军官是罕克·吉米斯（线索2），坐在C位置上的是宇航员（线索5），因此弗朗茨·格鲁纳工程师（线索1）一定在B或D位置上，而陆军少校也在B或D位置上（线索1）。空军上校在B位置上（线索3）。这样根据线索1，他一定是工程师弗朗茨·格鲁纳，而陆军少校在D位置上。我们现在已经知道罕克·吉米斯不是宇航员或工程师，也不是军医，因此他一定是飞行员，剩下坐在D位置上的陆军少校是个军医，根据线索4，他是尤瑞·赞洛夫，C位置上的宇航员是萨姆·罗伊斯，但她不是海军司令官（线索5），而是海军上尉，剩下海军司令官是A位置上的罕克·吉米斯。

答案：

位置A，罕克·吉米斯，海军司令官，飞行员。

位置B，弗朗茨·格鲁纳，空军上校，工程师。

位置C，萨姆·罗伊斯，海军上尉，宇航员。

位置D，尤瑞·赞洛夫，陆军少校，军医。

058 势单力薄的警察们

由于2号警官的肩膀麻木（线索1），线索4说明斯图尔特·杜琼不是4号警官。线索2也排除了卡弗在4号位置的可能，并且线索3排除了布特，因此通过排除法，4号警官一定是艾尔莫特。这样根据线索3，格瑞在2号位置，并且遭受肩膀麻木的痛苦。1号警官不是鼻子发痒的内卫尔（线索2），也不是亚瑟（线索3），而是斯图尔特·杜琼。这样根据线索4，3号警官受鸡眼折磨。我们知道他不是格瑞、内卫尔或斯图尔特，那么必定是亚瑟，剩下4号警官是鼻子发痒的内卫尔·艾尔莫特。通过排除法，斯图尔特·杜琼一定受肿胀的脚的折磨。亚瑟就是卡弗（线索2），剩下格瑞就是布特。

答案：

1号，斯图尔特·杜琼，肿胀的脚。

2号，格瑞·布特，肩膀麻木。

3号，亚瑟·卡弗，鸡眼。

4号，内卫尔·艾尔莫特，发痒的鼻子。

059 战舰（九）

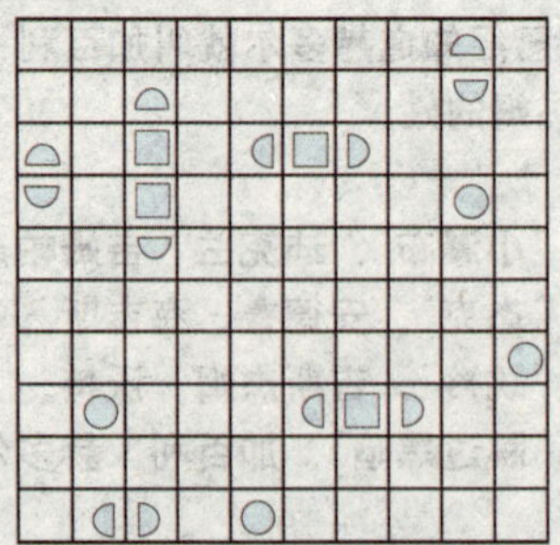

060 抓巫将军

“红母鸡”在1649年被宣判（线索4），在1648年被认为是女巫的不是“蓝鼻子母亲”（线索3），因此她一定是“诺格斯奶奶”，并且真名是艾丽丝·诺格斯（线索1）。通过排除法，“蓝鼻子母亲”在1647年被宣判为女巫，而她来自盖蒙罕姆（线索2）。那么伊迪丝·鲁乔不是在1648年被宣判（线索4），而是在1649年，她的绰号是“红母鸡”。可以得出艾丽丝·诺格斯住在希尔塞德（线索4）。克莱拉·皮奇不是来自里球格特乡村（线索3），所以必定来自盖蒙罕姆，并且她是在1647年被宣判的“蓝鼻子母亲”；排除法得出伊迪丝·鲁乔住在里球格特。

答案：

克莱拉·皮奇，“蓝鼻子母亲”，盖蒙罕姆，1647年。

艾丽丝·诺格斯，“诺格斯奶奶”，希尔塞德，1648年。

伊迪丝·鲁乔，“红母鸡”，里球格特，1649年。

061 美丽的卖花姑娘

在卡文特花园街卖的薰衣草价格是2美分或4美分（线索1），但石南花的价格是2美分（线索5），因此薰衣草的价格是4美分。得出莎拉卖的是石南花（线索1），又因为她要价2美分，所以梅在斯杰德大道卖花的价格是1美分（线索1），但不是石南花、薰衣草或玫瑰（线索3），也不是汉纳卖的紫罗兰（线索4），因此梅卖的一定是伦敦国花。玫瑰的价格比紫罗兰的价格贵（线索3），得出前者的价格是5美分，后者是3美分。卡文特花园街的卖花姑娘不是奎尼（线索2），而是内尔，排除法得出卖玫瑰的是奎尼。在皮科第立大街的卖花姑娘卖的不是石南花或玫瑰（线索5），因此得出汉纳在那里卖紫罗兰。在黑玛科特大街卖的花比在牛津街卖的花贵（线索6），可以得出前者是5美分的玫瑰，后者是2美分的石南花。

答案：

汉纳，皮科第立大街，紫罗兰，3美分。

梅，斯杰德大道，伦敦国花，1美分。

内尔，卡文特花园街，薰衣草，4美分。

奎尼，黑玛科特大街，玫瑰，5美分。

莎拉，牛津街，石南花，2美分。

062 结婚趣事

已知彭妮的结婚片段是第3个（线索2）。由于琳达的结婚片段紧跟在安德鲁的结婚片段之后，后者是记录安德鲁和他的新娘看着结婚蛋糕倒地时的惊愕表情（线索5），因此琳达的结婚片段不是第1个，而第1个片段没有展示牧师读错帕姆名字的时刻（线索1），乔斯的婚礼录像在加玛的后面（线索4），因此第1个片段一定是加玛和克莱夫的婚礼，而乔斯的婚礼录像在第2个（线索4）。第4个片段展示了新郎忘记带戒指（线索3），由此可以得出牧师读错帕姆名字是在第5个片段中。通过排除法，琳达是第4个片段中的新娘，而安德鲁的结婚蛋糕倒地在第3个片段中（线索5）。歌弗没有在第2或第3个（线索2）片段中出现，所以他和帕姆的婚礼是第5个片段，而歌弗是那个被牧师读错名字的新郎。我们知道忘带戒指的新郎不是克莱夫或鲍勃，并且他的名字比另一个新郎的名字长，后者和新娘在招待会时一起滑倒（线索3），那么可以得出前者是查尔斯。因此第2个片段一定是鲍勃和乔斯的婚礼。但在圣坛昏倒的不是乔斯（线索6），由此得出她和鲍勃一定是那对被拍下在舞场滑倒的新人，昏倒的是克莱夫的新娘加玛。

答案：

第1段，加玛和克莱夫，新娘昏倒。

第2段，乔斯和鲍勃，在舞场滑倒。

第3段，彭妮和安德鲁，蛋糕倒地。

第4段，琳达和查尔斯，新郎忘带戒指。

第5段，帕姆和歌弗，牧师读错名字。

063 英格兰的旗舰

根据线索2，V一定在C1，C2，D1或D2中的一个格子内。因为它不是重复的，所以不可能在C2（线索5），而那个线索也排除了包含有一个元音的D2。D3内是个A（线索4），那么线索2排除了V在D1内，排除法得出它在C1内。这样根据线索2，A1内有个R，而C3内是C。线索1和4排除了在D2内的元音（线索5）是A，也不是O（线索7），因此只能是I。根据线索6，G在C排，但G只有一个，不在C2内（线索5），只能在C4内。这样B4内的元音（线索5）不是O（线索7），而是另一个A。线索7排除了O在A或D排的可能，而已经找到位置的字母除掉了B1，B3或C2，以及B4，C1，C3和C4，只剩下B2包含O，而一个T在C2内（线索7）。这样根据线索5，第二个T在A4内。根据线索7，Y在A3内。我们还需找到两个R的位置，但都不在D4内（线索4），线索1也排除了B1和A2，只剩下B3和D1。L不是在D4内，也不是在A2内（线索3），因此在B1内。线索1排除了剩下的A在D4的可能，得出F在D4，而A在A2。

答案：

R	A	Y	T
L	O	R	A
V	T	C	G
R	I	A	F

064 龙拥有者俱乐部

由于特德·温的车不是黄色的（线索3），也不是红色的D号车（线索1和3）；伦·凯斯的跑车是绿色的（线索4），因此特德·温的车是蓝色，但不是C号车（线索5），根据线索3，一定是B号车，并且于1938年制造（线索2）。红车不是加里·合恩的（线索1），而是属于克里斯·丹什，剩下加里·合恩是黄车的主人。伦·凯斯的车不是A号车（线索4），因此一定是C号车，而加里·合恩的车是A号车。根据线索3，伦·凯斯的车是1932年的模型。1934年的模型不是D号车（线索1），而是加里·合恩的黄车，克里斯·丹什的D号红车始于1936年。

答案：

A号车，加里·合恩，黄色，1934年。

B号车，特德·温，蓝色，1938年。

C号车，伦·凯斯，绿色，1932年。

D号车，克里斯·丹什，红色，1936年。

065 堆积（六）

从上到下：A，B，C，D，E，F

066 谁的房子

由于瑞克特立建筑始于1708年（线索4），詹姆士·皮卡德拥有的财产在1685年建造（线索3），丽贝卡·德雷克拥有的佛乔别墅不是始于1770年（线索1），而是1610年。这样线索1就告诉我们2号建筑始于1685年，并且属于詹姆士·皮卡德，但不是曼纳小屋（线索3），我们知道它也不是瑞克特立建筑或佛乔别墅，因此必定是狗和鸭建筑，剩下曼纳小屋是1770年建造的。线索2现在告诉我们，巴兹尔·布立维特是1号建筑的主人。史密塞斯上校不拥有曼纳小屋（线索5），因此他的房子一定是瑞克特立建筑，剩下1号建筑是曼纳小屋，并属于巴兹尔·布立维特。而瑞克特立建筑不是3号房子（线索4），只能是4号，剩下的佛乔别墅在3号位置。

答案：

1号，曼纳小屋，1770年，巴兹尔·布立维特。

2号，狗和鸭建筑，1685年，詹姆士·皮卡德。

3号，佛乔别墅，1610年，丽贝卡·德雷克。

4号，瑞克特立建筑，1708年，史密塞斯上校。

067 录像带

由于马伦在星期一借的录像带（线索4）不是辛尼塔选择的《波力沃德浪漫史》（线索1），也不是动作片（线索2）或电视喜剧系列（线索5），而音乐电影在星期三被借走（线索3），因此马伦借的是西方经典剧。因为星期五的顾客不是辛尼塔（线索1）、安布罗斯·耶茨（线索2），也不是海伦（线索5），所以我们已经知道不是马伦，因此只能是盖尔。马伦是星期一的顾客，线索5排除了电视喜剧系列在星期二被借走的可能，而线索2说明星期二被借走的不是动作片，排除法得出一定是辛尼塔借的《波力沃德浪漫史》。这样根据线索1，福特在星期三借了音乐电影。我们已经把4个时间和各自的顾客配对，可以得出安布罗斯·耶茨在星期四去了录像馆。这样根据线索2，动作片被盖尔在星期五借走。现在排除法可以得出，福特的名字是海伦，安布罗斯·耶茨借了电视喜剧系列。因为耶茨是星期四的顾客，线索6排除了卡彭特在星期一和星期五去录像馆的可能，所以它是星期二的顾客辛尼塔的姓，根据线索6，马伦姓狄克逊，盖尔的姓是埃杰特恩。

答案：

星期一，马伦·狄克逊，西方经典剧。

星期二，辛尼塔·卡彭特，《波力沃德浪漫史》。

星期三，海伦·福特，音乐电影。

星期四，安布罗斯·耶茨，电视喜剧系列。

星期五，盖尔·埃杰特恩，动作片。

068 体育记者

由于埃德加已经在这家报社工作了22年（线索6），足球项目通讯记者已经工作了18年（线索4）。板球项目的通讯记者塞西尔在那里工作不只16年（线索1），他不姓盖姆科克，并且后者已经在那里工作了20年，但不报道球类比赛（线索3），因此通过排除法，塞西尔在那里工作了24年。这样根据线索1，埃德加就是普雷弗尔。我们现在知道塞西尔不姓盖姆科克或普雷弗尔，而迈尔斯姓格莱特立（线索2），菲尔丁报道橄榄球（线索5），因此塞西尔就姓温斯姆。可以得出橄榄球记者菲尔丁已经工作了16年。工作了18年的足球运动通讯记者就是迈尔斯·格莱特立。菲尔丁的名字不是弗瑞兹（线索5），而是本，剩下弗瑞兹就姓盖姆科克。埃德加不是拳击运动通讯记者（线索6），而是跑马赛的通讯记者，剩下弗瑞兹·盖姆科克报道拳击赛。

答案：

本·菲尔丁，橄榄球，16年。

塞西尔·温斯姆，板球，24年。

埃德加·普雷弗尔，跑马，22年。

弗瑞兹·盖姆科克，拳击，20年。

迈尔斯·格莱特立，足球，18年。

069 穿过通道

由于最前面一辆车的司机不是菲利普（线索1）和曼纽尔（线索3），并且也不是汉斯（线索4），因此一定是安东尼奥。这样根据线索5，红车在2号位置上，那么它的数字是15（线索2）。第4个位置上的车不是车牌号为27的黄车（线索1），它的车牌号也不是38（线索3），排除法得出它的车牌号是9。我们知道它不是红色或黄色，也不是绿色（线索4），那只能是蓝色。剩下车牌号38的车是绿色的，但绿车不在3号位置（线索3），因此它是领先的安东尼奥的车，剩下3号车是带数字27的黄车。线索4现在告诉我们汉斯是2号红车的司机，线索1说明菲利普是4号蓝车的司机，剩下曼纽尔是3号黄车的司机。

答案：

1号位置，安东尼奥，绿色，38。

2号位置，汉斯，红色，15。

3号位置，曼纽尔，黄色，27。

4号位置，菲利普，蓝色，9。

070 填空（六）

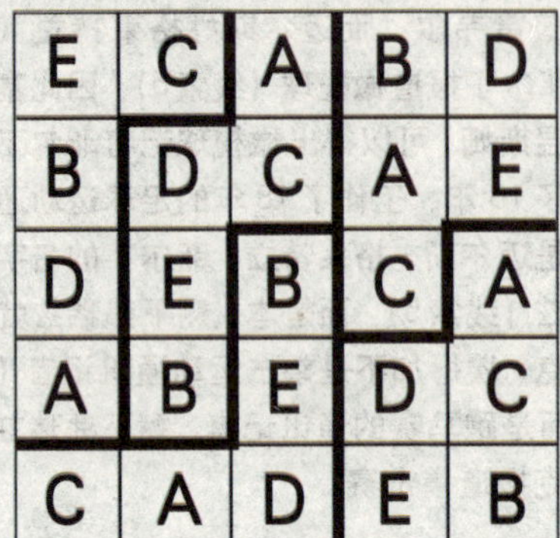

E	C	A	B	D
B	D	C	A	E
D	E	B	C	A
A	B	E	D	C
C	A	D	E	B

071 在沙坑里

詹妮的孩子在3号位置上（线索3）。4号位置上的卡纳（线索2）不是D位置上的雷切尔的儿子（线索4和5），丹尼尔是莎拉的儿子（线索4），这样通过排除法，卡纳的母亲是汉纳。然后根据线索1，爱德华是詹妮的孩子，他在3号位置，雷切尔的儿子是马库斯。我们知道汉纳不在D位置上，也不在C位置（线索1）或B位置（线索2），因此她一定在A位置。詹妮不在C位置（线索5），而是在B位置，剩下C位置上的是莎拉。丹尼尔不在2号位置（线索4），那他一定在1号，剩下马库斯在2号位置，这由线索4证实。

答案：

A位置，汉纳；4位置，卡纳。

B位置，詹妮；3位置，爱德华。

C位置，莎拉；1位置，丹尼尔。

D位置，雷切尔；2位置，马库斯。

072 神像

由于D面上的神像拥有水蟒的面孔（线索3），这样根据线索2，战神爱克斯卡克斯特不在B面；而B面神像不是爱神（线索4），A面代表了气候神（线索4），因此B面上的是事业神。可以得出C面神像以蝙蝠为面孔（线索5）。事业神的名字不是埃克斯特里卡特尔（线索5），也不是爱克斯卡克斯特或奥克特拉克斯特（线索4），因此他一定是乌卡特克斯赖特，而B面神像的面孔是水怪（线索1）。通过排除法，A面神像拥有美洲虎的面孔，这样根据线索3，战神爱克斯卡克斯特一定在C面上，剩下以水蟒为面孔的神像在D面，并且他是爱神。奥克特拉克斯特不在A面（线索4），那只能在D面，剩下A面神像是埃克斯特里卡特尔。

答案：

A面，美洲虎，埃克斯特里卡特尔，气候。

B面，水怪，乌卡特克斯赖特，事业。

C面，蝙蝠，爱克斯卡克斯特，战争。

D面，水蟒，奥克特拉克斯特，爱情。

073 乡村拜访

根据线索7，其中一个人在瓦格雷地过了6天（线索7），因为鲁珀特的拜访持续了5天（线索3），所以线索4排除了在鲁佛尔德·阿比的拜访时间是3天的可能性。在佩勒姆城堡与莉莉·格琼家庭所待的时间（线索1）和在尼尔森会堂的时间（线索2）都不是3天，因此蒙田格在豪特恩公园呆了3天（线索6）。我们知道蒙田格和鲁珀特的拜访时间不是7天，爱德华的拜访时间也不是（线索1），线索5也排除了拜访莫尼卡·史密斯父母的阿齐，因此通过排除法，一定是杰拉尔德拜访了7天。然后根据线索4，在鲁佛尔德·阿比的拜访时间是5天。我们现在知道爱德华的拜访持续了4或6天，根据线索1，在佩勒姆城堡的拜访持续了5或7天；但我们知道不是5天，因此必定是7天，且拜访者是杰拉尔德，剩下阿齐的拜访时间是4天。排除法得出他拜访了尼尔森会堂。然后根据线索2，蒙田格花了3天时间在豪特恩公园拜访西尔玛·波维尔的父母。最后根据线索3，艾米丽·德·卡斯不是鲁珀特的女朋友，而爱德华用6天时间在瓦格雷地拜访她的父母，剩下鲁珀特在鲁佛尔德·阿比呆了5天，拜访的是桂纳史·派克·琼斯的爸爸。

答案：

阿齐·弗茨林汉，莫尼卡·史密斯，4天，尼尔森会堂。

爱德华·坦克瑞，艾米丽·德·卡斯，6天，瓦格雷地。

杰拉尔德·亨廷顿，莉莉·格琼，7天，佩勒姆城堡。

蒙田格·福利尔特，西尔玛·波维尔，3天，豪特恩公园。

鲁珀特·德·格雷，桂纳史·派克·琼斯，5天，鲁佛尔德·阿比。

074 鬼屋

价格为27.5万英镑的房子，出没的鬼魂是个吊死鬼（线索5），它不是莱士兰德的“美丽风景”（线索2）。修女出没的房子是在大韦斯特佰斯或小韦斯特佰斯房子的其中一幢（线索1）。鹦鹉出没在劳雷尔住宅（线索3）。吉普赛女郎出没的房子在拿士迈尔（线索4）。所以在“美丽风景”的鬼魂是只狗。我们现在可知出没在“柳树梢”的鬼魂不是狗也不是鹦鹉，从线索1和5得出也不是吊死鬼，同时线索1排除了修女的可能性。所以，在“柳数梢”的鬼魂一定是吉普赛女郎，位居拿士迈尔。从线索1和5得出它的价格不是26万英镑、27万英镑或27.5万英镑，更不是25万英镑（线索4），所以它肯定是25.5万英镑。因此，从线索1得出修女出没的房子是26万英镑；从线索2得出“美丽风景”在莱士兰德，价值25万英镑。余下鹦鹉出没的房子价值27万英镑。价值27.5万英镑的房子不是勃宣普斯（线索5），所以它肯定是“小树林”。留下勃宣普斯是修女出没的那幢房子。最后，从线索6得出，勃宣普斯是在大韦斯特佰斯，而“小树林”在小韦斯特佰斯，剩下的劳雷尔住宅在温司丹浴。

答案：

勃宣普斯，大韦斯特佰斯，26万英镑，修女。

“美丽风景”，莱士兰德，25万英镑，狗。

劳雷尔住宅，温司丹裕，27万英镑，鹦鹉。

“小树林”，小韦斯特佰斯，27.5万英镑，吊死鬼。

“柳树梢”，拿士迈尔，25.5万英镑，吉普赛女郎。

075 新来的人

住了16年的那个居民是在罗斯村（线索4），住龄8年的住户，他家不在怀特盖茨村（线索3），所以一定是在牧场，因此他是沃尔特·杨（线索1）；他不是来自艾林特（线索1），也不可能来自帕丁顿（线索2），所以一定是来自柏特斯。艾伦·布拉德利不是来自帕丁顿（线索2），所以一定是从艾林特来的。剩下梅维斯·诺顿是来自帕丁顿的那个人，他在镇上的罗斯村生活了16年（线索2）。综上可知，艾伦·布拉德利在怀特盖茨村生活了11年。

答案：

艾伦·布拉德利，艾林特，11年，怀特盖茨村。

梅维斯·诺顿，帕丁顿，16年，罗斯村。

沃尔特·杨，柏特斯，8年，牧场。

076 百岁老人

艾尔德是在1995年搬来的（线索4），所以，由线索1得出，西尼尔是1990年到的，格雷是1985年。格雷名叫玛格丽特（线索3），所以不叫戴西的艾尔德，他的名字是亨利（线索4）。剩下戴西的姓是西尼尔。从线索1知道，玛格丽特·格雷来自莫博里。而由线索2，亨利·艾尔德原住在威逊韦尔。最后，戴西·西尼尔以前的家在布莱伍德。

答案：

戴西·西尼尔，布莱伍德，1990年。

亨利·艾尔德，威逊韦尔，1995年。

玛格丽特·格雷，莫博里，1985年。

077 寻找骨牌（六）

2	5	1	1	1	2	0	6
5	0	6	6	5	3	4	4
2	3	4	5	2	5	4	2
1	1	6	5	2	5	0	4
0	0	4	5	3	3	3	2
6	6	6	3	3	2	1	6
4	1	0	0	0	1	4	3

078 退货

排在第3位退牛仔裤的女士不是希拉（线索1），不是退剪草机的马里恩（线索3），也不是排在第4位的希瑟（线索4），所以，她是卡罗尔。现在我们已知其中两位女士的名字；希拉·普里斯（线索1）不是排在第1位，排第1位的是特威德夫人（线索5），所以希拉·普里斯排的是第2位。综上所述，排第1位的特威德夫人是马里恩。现在我们知道了两位女士的姓，希瑟不姓克拉普（线索4），她姓夏普。因此退牛仔裤的卡罗尔是克拉普夫人。从线索2得出，希瑟·夏普排第4位，她退的不是烤箱，是手提箱。退回烤箱的是排在第2位的希拉·普里斯。

答案：

第1位，马里恩·特威德，剪草机。

第2位，希拉·普里斯，烤箱。

第3位，卡罗尔·克拉普，牛仔裤。

第4位，希瑟·夏普，手提箱。

079 中断的演出

2002年的表演在足球场上演（线索7）。1998的演出不在贝迩维欧公园（线索3），不在国家公园（线索4），也不在教堂周围的空地（线索5），所以，是在小修道院的草地上演的。因为《暴风雨》是在1999年上演的（线索2），线索4排除了国家公园是2000年演出地点的可能性，而2000年的演出是被一场大风破坏掉的（线索6），所以线索4也排除了国家公园是2001年演出地点可能性，因此它是1999年《暴风雨》的演出地点。所以，因雾中断的《奥赛罗》是在1998年小修道院的草地上演的（线索4）。2002年，在足球场的演出不是被雷暴雨打断的（线索7），同时我们知道也不是受了大风或雾的影响；线索1将熄灯的可能性排除在外，所以，2002年的演出是因大雨中断的。我们已经知道1998年和1999年的演出分别是《奥赛罗》和《暴风雨》，从线索3得知，2000年的表演不是在贝迩维欧公园；所以贝迩维欧公园是2001年的演出地点，剩下2000年的演出地点是教堂周围的空地。由线索3得出，2000年的演出一定是《罗密欧与朱丽叶》。2001年在贝迩维欧公园的表演不是被暴雨打断的（线索7），所以它是因熄灯停演的，而1999年的演出才是因暴雨中断的。现在，由线索1可知，2002年因冰雹中断的演出一定是《裘力斯·凯撒》，剩下2001年因灯光熄灭停演的是《哈姆雷特》。

答案：

1998年，《奥赛罗》，小修道院的草地，浓雾。

1999年，《暴风雨》，国家公园，暴雨。

2000年，《罗密欧与朱丽叶》，教堂周围的空地，大风。

2001年，《哈姆雷特》，贝迩维欧公园，灯光熄灭。

2002年，《裘力斯·凯撒》，足球场，冰雹。

080 双胞胎姐妹

厄休拉和菲奥纳不是马洛姐妹（线索2），她们的姓也不是博伊德（线索5）。卡尔双胞胎姐姐叫伊丽莎白（线索6），泰拉是威尔莫特双胞胎里的妹妹（线索4），所以，厄休拉和菲奥纳是凯利姐妹。从线索3得出，卡尔姐妹其中一个有6个字母的名字。我们知道那不是年长的伊丽莎白，所以卡尔双胞胎妹妹是里贾纳。现在，结合线索7，苏茜的姓不是博伊德，所以一定是姓马洛，同样由线索7得知，维姬，那个女警察，一定是姓博伊德。琳达美容师不是泰拉的姐妹（线索4），同时我们知道她也不是里贾纳和菲奥纳姐妹，而她的工作排除了她是维姬姐妹的可能性，所以琳达的姐妹一定是苏茜·马洛。维姬·博伊德的姐姐不是安德里亚（线索5），所以必定是卡珊德拉，剩下安德里拉是泰拉的姐妹。伊丽莎白和里贾纳不是宠物园主（线索1），也不是古董经销商（线索6），因此她们是教师。安德里拉和泰拉都没有宠物园（线索1），所以，她们是古董经销商，剩下宠物园主是厄休拉和菲奥纳。

答案：

安德里亚·威尔莫特和泰拉·威尔莫特，古董经销商。

卡珊德拉·博伊德和维姬·博伊德，女警察。

伊丽莎白·卡尔和里贾纳·卡尔，教师。

琳达·马洛和苏茜·马洛，美容师。

厄休拉·凯利和菲奥纳·凯利，宠物园主。

081 叠纸牌

罗斯的房子达到7层高（线索5），所以她不可能是叠出4层高房子的2号女孩（线索2）。线索4排除了她在3号位置用蓝色纸牌的可能，她也不是在4号位置（线索5），所以，罗斯坐在1号座位。我们已知夏洛特用的纸牌是绿色的（线索1），她不在位置1或3，因为2号女孩叠出4层楼，所以，夏洛特不可能是在4号位置（线索1），她是在位子2，造出了4层楼的房子。因此，由线索1得出，5层楼的房子是由4号女孩建造的。留下用蓝色纸牌造的6层房子在位置3。综上，根据线索4，罗斯用的是红色的纸牌，剩下由黑色纸牌构成的在位置4的5层房子，它不是由安吉拉建造的（线索3），而是蒂娜做的。安吉拉坐在3号位置，持蓝色纸牌。

答案：

座位1，罗斯，红色，7层楼。

座位2，夏洛特，绿色，4层楼。

座位3，安吉拉，蓝色，6层楼。

座位4，蒂娜，黑色，5层楼。

082 书报亭

雅克的顾客叫阿曼裕（线索4）乔·埃尔买的是诗集（线索2），因传记是玛丽安在出售，且不是由斯尔温购买（线索5），所以必定是威廉买去的。玛丽安的书亭不是1号和4号书亭（线索1）。结合小说是在3号书亭买到的（线索3），所以玛丽安的书亭是3号。因此，从线索1得出字典是由3号书亭出售，而从线索5得出斯尔温一定是在3号书亭买了小说的顾客。余下阿曼裕在1号书亭。排除上面已知的，乔·埃尔一定在4号书亭买书，而4号书亭不是由艾兰恩经营的（线索2），它是波莱特的，剩下艾兰恩在3号书亭卖小说给斯尔温。

答案：

1号，雅克，阿曼裕，字典。

2号，玛丽安，威廉，传记。

3号，艾兰恩，斯尔温，小说。

4号，波莱特，乔·埃尔，诗集。

083 战舰（十）

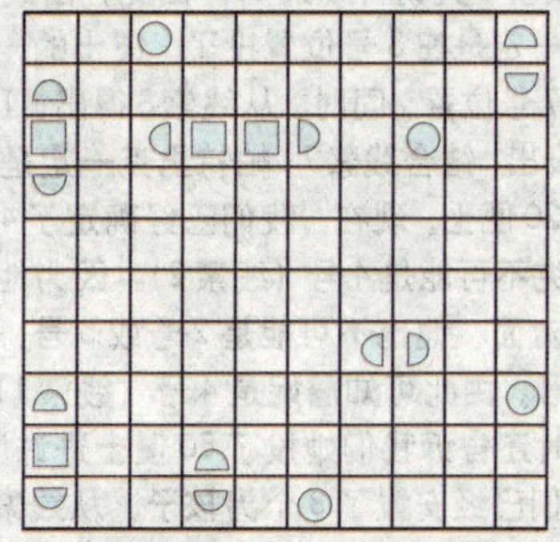

084 票

亨利排在队伍的第3个位子（线索3）。第4个位子排的不是珀西瓦尔（线索1），也不是马克斯（线索2），所以，一是威洛比。威洛比买的是星期五晚上的票（线索4）。星期六晚上定在包厢座位的票不是珀西瓦尔买的（线索1），也不是亨利的（线索3），排除法得知买票的是马克斯。所以，马克斯不可能是排在第1位的（线索1），而是排在第2位，第1位排的是珀西瓦尔。因此据线索2可得，第3位是亨利，买的是剧院花楼的票。但不是星期4的演出（线索2），是星期三的。剩下珀西瓦尔买的是星期四的票，并根据线索3得出，是在正厅后排的座位。所以，威洛比星期五晚上的票是正厅前排的座位。

答案：

位置1，珀西瓦尔，星期四，正厅后排座位。

位置2，马克斯，星期六，包厢。

位置3，亨利，星期三，剧院花楼。

位置4，威洛比，星期五，正厅前排座位。

085 美好的祈愿

1号投的是20便士（线索5）。从线索4可知，1便士的硬币不可能由在5、6、7或8号位置的任何一个人投出的，因为女孩4投的是便士（线索2），所以排除了2号投1便士的可能性。线索3排除了8号投2英镑的可能性，也就排除了4号投1便士的可能性，所以，1便士是由3号投出的。所以，西蒙在6号位置（线索3）投了2英镑（线索4）。因此，由线索4，埃莉诺一定是在3号位置投了1便士的，而丹尼尔在7号位置。同时，从线索3得出，1英镑由8号投出，结合线索7，帕特里克一定是1号，他投的20便士。现在，我们已经确定了4个小孩。杰克不可能是4号（线索2），因为他是在詹妮的对面，他也不可能是2号或5号，所以他是8号。由此可知詹妮是4号（线索1）。线索1同时还告诉我们她投了50便士进许愿池。现在我们已经安置了3个男孩子，从线索2知道，5号一定是刘易斯，余下2号是杰西卡，杰西卡投了5便士（线索6）。因为刘易斯许愿时投的不是2便士硬币（线索6），他投了10便士进许愿池。剩下2便士的硬币由丹尼尔投出。

答案：

位置1，帕特里克，20便士。

位置2，杰西卡，5便士。

位置3，埃莉诺，1便士。

位置4，詹妮，50便士。

位置5，刘易斯，10便士。

位置6，西蒙，2英镑。

位置7，丹尼尔，2便士。

位置8，杰克，1英镑。

086 国家公园

覆盖面积为1049平方千米的公园不是布雷克比肯斯（线索4），不是埃克斯穆尔（线索1），也不是占地1436平方千米的面积最大的约克北部的沼泽地（线索6），或者是覆盖面积小于1000平方千米的达特姆尔（线索2），所以，它是诺森伯兰，建于1956年（线索5），它的最高点海拔不是621米（线索4）、885米（线索5），也不是519米——那是覆盖面积是693平方千米的公园最高点的海拔（线索3），或者432米——那是建于1952的公园的最高点的海拔（同样是线索3），所以诺森伯兰国家公园最高点的海拔是816米。占地1351平方千米的公园不是在1952年或1954年建立的，也不是1956年——那年建成的是占地1049平方千米的公园，或者1951年——那年建成的是占地954平方千米的公园（线索1），所以，是在1957年。693平方千米的公园至高点是海拔519米，于1952年建成最高点海拔为432米的就是那个占地1436平方千米约克北部的沼泽地。综上可得，693平方千米的国家公园是成立于1954年的那个。它不是达特姆尔（线索2），所以，达特姆尔占地面积954平方千米，成立于1951年。布雷克比肯斯国家公园不是建成于1954年（线索4），所以它一定是成立于1957年的占地1351平方千米的公园，它最高点不是621米，而是885米。最后，成立于1954年的国家公园一定是埃克斯穆尔，而达特姆尔的占地面积是954平方千米，最高点达621米。

答案：

布雷克比肯斯，1957年，1351平方千米，885米。

达特姆尔，1951年，954平方千米，621米。

埃克斯穆尔，1954年，693平方千米，519米。

诺森伯兰，1956年，1049平方千米，816米。

约克北部的沼泽地，1952年，1436平方千米，432米。

087 加薪要求

思德·塔克坐在C位置（线索1），BBMU的人坐在D位置（线索4），所以来自UMBM，不是坐在B位置的雷·肖（线索5），一定是在A位置。现在根据线索2，代表ABM的6位成员的那个人不可能是坐在A或C位置，也排除了坐在D位置的可能，所以他是坐在B位置；同样根据线索2，阿尔夫·巴特一定是在D位置。综上，吉姆·诺克斯坐在B位置，思德·塔克代表BBT坐在C位置。所以BBT代表的不是7位成员（线索3），也不是4位（线索1），我们知道是吉姆·诺克斯代表有6位成员的ABM，所以BBT有3位成员。UMBM的雷·肖代表的人数比ABM的吉姆·诺克斯代表的少（线索5），所以UMBM一定有4位成员，而BBMU的阿尔夫·巴特代表的是7位成员。

答案：

位置A，雷·肖，UMBM，4

位置B，吉姆·诺克斯，ABM，6

位置C，思德·塔克，BBT，3

位置D，阿尔夫·巴特，BBMU，7

088 ABC（六）

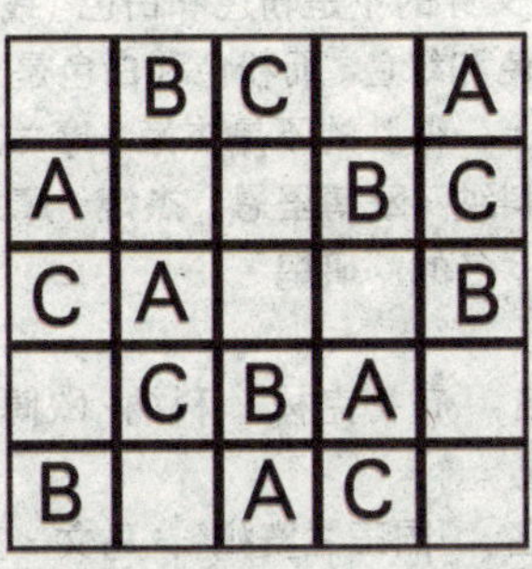

	B	C		A
A			B	C
C	A			B
	C	B	A	
B		A	C	

089 不同颜色的马

灰色小马叫邦妮（线索3），所以不叫维纳斯（线索1），属于贝琳达的那匹褐色小马一定是叫潘多拉。综上得出，黑色小马一定是叫维纳斯，维纳斯的主人姓郝克斯（线索2）。现在我们知道潘多拉的主人叫贝琳达，而维纳斯的主人姓郝克斯，所以费利西蒂·威瑟斯（线索4）必定是灰色小马邦妮的主人。得出凯蜜乐姓郝克斯，贝琳达姓梅诺。

答案：

贝琳达·梅诺，潘多拉，褐色。

凯蜜乐·郝克斯，维纳斯，黑色。

费利西蒂·威瑟斯，邦妮，灰色。

090 长长的工龄

布里奇特的职责是提供餐后甜点（线索4），洛蒂不是提供饮料的（线索3），所以她是提供主菜的，而内尔是提供饮料的。因此，根据线索2，洛蒂是56岁。内尔不可能是54岁（线索1），所以是52岁；布里奇特则是54岁。洛蒂已经为此工作了18年（线索3）。内尔的工作时间一定比16年长（线索1）。所以内尔是20年，布里奇特是16年。

答案：

布里奇特，54岁，16年，餐后甜点。

洛蒂，56岁，18年，主菜。

内尔，52岁，20年，饮料。

091 侦探小说

与尼克·路拜尔相关的侦探小说有18本（线索7），标枪出版社出版了16本书（线索5），乔奇·弗赛斯写了10本书（线索1），由线索3得出，地球出版社出版的有关埃德加·斯多瑞的系列小说不可能是10或12本，所以是14本，有关埃德加·斯多瑞的写了12本（线索3）。现在我们已知两个著者写的本数和两家出版社出版的本数。由上得出，亚当·贝特雷写的由王冠出版社出版的（线索4）是18本系列的小说，主人公是尼克·路拜尔。而根据线索2，帕特里克·纳尔逊写的不是16本，所以是14本。余下史蒂夫·梭罗本是16本系列侦探小说的作者。由线索6得出，红隼出版社出版本数不是10本，所以应是理查德·奎艾内写的12本。而那10本是由毕尔格出版社出版的，所以主人公一定是乔布林博士（线索6）。根据线索2，有关旧金山的不是蒂特蒙中尉的侦探一定是史蒂夫·梭罗本的16本小说的主人公。所以，史蒂夫·梭罗本塑造的侦探必定是克罗维尔检查员。而蒂特蒙中尉则是红隼出版社出版的理查德·奎艾内写的12本书的主人公。

答案：

亚当·贝特雷，尼克·路拜尔，18本书，王冠出版社。

乔奇·弗赛斯，乔布林博士，10本书，毕尔格出版社。

帕特里克·纳尔逊，埃德加·斯多瑞，14本书，地球出版社。

理查德·奎艾内，蒂特蒙中尉，12本书，红隼出版社。

史蒂夫·梭罗本，克罗维尔检查员，16本书，标枪出版社。

092 早起的鸟儿

杰伊小姐在第3个位置，想要买皮包的女孩在第5个位置（线索9）；由线索8得出，想要床的卡勒尔小姐不可能是在第1、3、5、6或7的位置，所以只能是在第2或4的位置。所以根据线索8，卡勒尔一定是在第1、2或3位置。贝丝在第2位置（线索7），这排除了卡勒尔在第3位置的可能性（线索9），所以卡勒尔是在第1位。现在我们知道杰伊小姐不叫卡勒尔或贝丝，线索9告诉我们她也不叫艾米。费思姓雷恩（线索1），道恩不是排在第5位（线索3），想要外套的伊夫不是杰伊小姐（线索6），道恩也不在的第3位（线索3）。综上所述，杰伊小姐姓盖尔。而从线索9得出，在第5位的女孩是费丝·雷恩。我们已知想要外套的伊夫不可能在第1、2、3或5的位置，线索6告诉我们她也不可能是在第4或6的位置，所以她是在第7位，费恩瞿小姐是在第6位（线索6），结合线索1得知，她要的是电视机。我们现在知道了5个女孩的名字和她们所在的位置，所以，不在第6位的艾米（线索5），一定是在第4位。剩下是在第6位的费恩瞿小姐名字是道恩。已知第5、6和7位女孩所要买的东西，根据线索8，想要床的克雷恩小姐不可能在第4位，一定是在第2位，名叫贝丝。所以排在第4位的是想要DVD播放机的艾米（线索8）。盖尔·杰伊要的不是冰淇淋制造机（线索2），所以她要的是女装，而是第1位的卡勒尔要冰淇淋制造机。最后，由线索4知道，卡勒尔是达维小姐，斯沃恩小姐是在第7位的伊夫。第4位的艾米姓雷文。

答案：

位置1，卡勒尔·达维，冰淇淋制造机。

位置2，贝丝·克雷恩，床。

位置3，盖尔·杰伊，女装。

位置4，艾米·雷文，DVD播放机。

位置5，费丝·雷恩，皮包。

位置6，道恩·费恩瞿，电视机。

位置7，伊夫·斯沃恩，外套。

093 照片定输赢

“布鲁克林”是第1名（线索5），身穿红色和橘黄色衣服的骑师是第3名（线索4），由线索1排除了“矶鹞”得第2名和第4名的可能性，所以，它排在第3名。根据线索1得出，卢克·格兰费尔身着黑蓝两色，骑的是排在第4的马。已知“国王兰赛姆”是马文·盖尔骑的那匹马（线索2），排名不是1、3或4，所以是第2名；剩下卢克·格兰费尔骑的马叫“蓝色闪电”。马文穿的不是粉色和白色（线索2），所以应是黄色和绿色。而粉色和白色是穿在胜利的骑师身上。得胜的不是杰姬·摩兰恩（线索3），而是科纳·欧博里恩。杰姬·摩兰恩的马是排在第3名的“矶鹞”。

答案：

第1名，“布鲁克林”，科纳·欧博里恩，粉色和白色。

第2名，“国王兰赛姆”，马文·盖尔，黄

色和绿色。

第3名，“矶鹬”，杰姬·摩兰恩，红色和橘黄色。

第4名，“蓝色闪电”，卢克·格兰费尔，黑色和蓝色。

094 租车

罗孚汽车停在位置5（线索1），所以不在位置2、3、4的沃尔沃汽车（线索4）一定在位置1。在位置3的车是白色的（线索3），因此，在位置5的罗孚汽车的颜色不是黄色，黄色是菲亚特汽车的颜色（线索3），不是棕色（线索5）或红色（线索2），所以一定是绿色。在位置4的车我们已知不可能是罗孚或沃尔沃汽车，根据线索2，它也不是福特，位置3的车是白色的（线索3），而线索5排除了丰田在位置4的可能。所以，位置4停的是黄色的菲亚特。再根据线索5，棕色汽车不在位置1，所以是在位置2。而在位置1的沃尔沃必定是红色的。现在由线索2得出，位置2的棕色车子是福特，由线索5得出在位置3的白色车子是丰田。

答案：

1号，红色沃尔沃。

2号，棕色福特。

3号，白色丰田。

4号，黄色菲亚特。

5号，绿色罗孚。

095 路径逻辑（五）

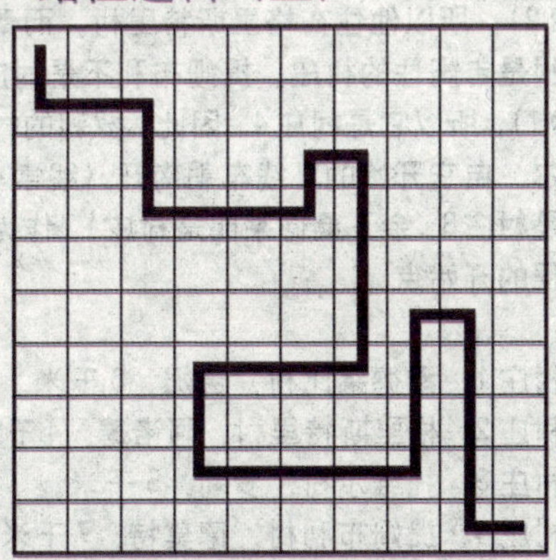

096 溜冰

肖特带着红色的围巾（线索2），伯妮斯·海恩的围巾不是黄色的（线索1），她也不是围着蓝色围巾的1号位置的溜冰者（线索1和4），所以她的围巾是绿色的，已知她不在1号位置，因为1号位置的人带着蓝色围巾，线索1同时也排除了她在2号位置的可能性，从线索3中得出她不可能在4号位置，所以伯妮斯·海恩在3号位置。因此从线索1得出，2号位置的溜冰者必定带着黄色围巾，而由线索3知道，路易丝一定是在4号位置，余下红色围巾由她带着，所以，她是肖特。杰姬不是2号溜冰者（线索2），她是1号溜冰者，2号是夏洛特。杰姬不姓劳恩（线索5），她姓利特尔，劳恩是夏洛特的姓。

答案：

位置1，杰姬·特利尔，蓝色。

位置2，夏洛特·劳恩，黄色。

位置3，伯妮斯·海恩，绿色。

位置4，路易丝·肖特，红色。

097 赖福尔斯小姐的报复

内利·派克入户盗窃（线索1），拉格斯哥的案件是破窗抢劫（线索2），持枪抢劫案件因赖福尔斯小姐向当地警方告密而告终（线索3），所以，鲁比·斯泰格不是来自拉格斯哥，被丢在山上的她（线索4）干的是盗窃银行案。从线索5得知，鲁比·斯泰格不是在伯明翰作案，那是简·肯奇作案的城市，也不是伦敦，所以她是在曼彻斯特作案。拉格斯哥的破窗抢劫者没有被扔进湖里（线索2），同时我们知道持枪抢劫者被人向警方告密，所以，赖福尔斯小姐一定是偷了破窗抢劫者的赃物，已知来自伯明翰的简·肯奇没有盗窃银行、入户盗窃或破窗抢劫，所以她干的是警方得到告密的持枪抢劫案。最后，艾丽丝·布雷一定是拉格斯哥的破窗抢劫者。而内利·派克是来自伦敦，被扔进湖里的那个人。

答案：

艾丽丝·布雷，拉格斯哥，破窗抢劫，赃

物被偷。

简·肯奇，伯明翰，持枪抢劫，被告密。

内利·派克，伦敦，入户盗窃，被扔进湖里。

鲁比·斯泰格，曼彻斯特，盗窃银行，被丢在山上。

098 完全不同

福斯特写的是历史小说（线索2），她或他不是餐饮老板（线索2），也不是尸体防腐者或消防队员（线索6），所以一定是书店老板，名叫波林（线索5）。医学小说不是出自迪莉娅之手（线索4），也不是出自写爱情小说的约翰之手（线索1），所以必定是由托马斯·罗宾斯写的（线索3）。综上所述，迪莉娅写的是爱情小说。约翰不姓梅尔沃德（线索3），所以，约翰姓凯勒，他以前是一位餐饮老板（线索2），剩下迪莉娅一定姓梅尔沃德。现在已知其中两种书所对应的两种以前的职业，不写爱情小说的前消防队员（线索5），一定是医学小说的作者，即托马斯·罗宾斯。最后得出迪莉娅以前从事的职业是尸体防腐者。

答案：

迪莉娅·梅尔沃德，爱情小说，尸体防腐者。

约翰·凯勒，历史小说，餐饮老板。

波林·福斯特，政治小说，书店老板。

托马斯·罗宾斯，医学小说，消防队员。

099 小镇

标号3的镇是肯思菲尔得（线索4），所以亚克斯雷不是4号镇（线索1），不是6号镇（因为6号镇没有其他镇在它的东北方向），也不是8号镇（因为根据线索1，它们两者都没有一个镇在它们的偏南方），又因为它在图上是偶数标记的（线索1），所以亚克斯雷镇是2号镇。因此，根据线索1，布赖圣特恩是1号镇。由线索5，威格比不是9号镇，同时我们知道它不是3号镇，又因为它的偏西方有一个镇（线索5），所以威格比一定是6号镇。再结合线索5，摩德维尔一定是5号镇。根据线索1，科尔布雷杰一定是8号镇。已知勒索普不是2号、5号或8号镇，也不可能是4号或7号镇（线索2），再根据线索2，勒索普一定是10号镇，而波特菲尔得是9号镇，最后，由线索3，德利威尔一定是7号镇，欧德马科特是4号镇。

答案：

1号，布赖圣特恩镇；

2号，亚克斯雷镇；

3号，肯思费尔德镇；

4号，欧德马科特镇；

5号，摩德维尔镇；

6号，威格比镇；

7号，德利威尔镇；

8号，科尔布雷杰镇；

9号，波特菲尔得镇；

10号，勒索普镇。

100 环行线路

德莫特住在提姆布利村（线索2）；村庄2是格里斯特里村，经过它的环线朝东方开（线索1）。5千米长朝南开的路程起始自罗莉住的那个村庄（线索4），所以她不可能住在6千米路段的起始地桑德莱比村（线索3），罗莉是住在托维尔村。7千米路段不是起始自格里斯特里村（线索1），同时已知它不可能起始自桑德莱比村或托维尔村，所以它一定是起始自德莫特家所在的提姆布利村。剩下4千米路段的起始自格里斯特里村。阿诺德不住在桑德莱比村（线索2），所以他住在格里斯特里村。而桑德莱比村是吉姆住的村庄。提姆布利不是村庄3（线索1），所以它是村庄4。因此，罗莉的村庄托维尔，自它开始的环线车朝南开（线索4），一定是村庄3，余下桑德莱比是村庄1，作为整个车程的开始点。

答案：

村庄1，桑德莱比村，吉姆，6千米。

村庄2，格里斯特里村，阿诺德，4千米。

村庄3，托维尔村，罗莉，5千米。

村庄4，提姆布利村，德莫特，7千米。

101 冬日受伤记

泊尔去了法国（线索1），去澳大利亚旅游的人摔断了一条腿（线索2），所以，摔断了锁骨的索尼亚（线索4）一定是在瑞士受伤的。综上所述，泊尔一定是摔断了她的手臂，去澳大利亚的是迪莉娅。斯塔布斯夫人既不叫索尼亚也不叫泊尔（线索3），所以她叫迪莉娅。索尼亚不是霍普夫人（线索4），所以她是费尔夫人，霍普夫人的名字是泊尔。

答案：

迪莉娅· 斯塔布斯，澳大利亚，腿。

泊尔· 霍普，法国，手臂。

索尼亚·费尔，瑞士，锁骨。

102 美好记忆

8 月份的那次度假不是坐长途汽车去的（线索1），也不是小汽车（线索2），而是火车。8月份的假期去的不是科茨沃尔德（线索2），也不是英国的湖泊地区（线索3），而是康沃尔。爱丽丝是开小汽车去科茨沃尔德的（线索2），所以长途汽车之旅去的是英国的湖泊地区，但是不是在5月份（线索3），所以是在6月份。综上，5月份的假期是在科茨沃尔德度过的。在英国的湖泊地区的度假不是在1986年（线索3），也不是1971年（线索1），而是1974年。最后，由线索1得出，康沃尔的假期是在1971年，去科茨沃尔德是在1986年。

答案：

5月份，1986年，科茨沃尔德，小汽车。

6月份，1974年，英国的湖泊地区，长途汽车。

8月份，1971年，康沃尔，火车。

103 长长的通道

在早上8:00通过闸口的运河小船受雇于伦敦人（线索2），不是珐尔·雷德（线索4），也不可能在下午5:00通过（线索4），珐尔·雷德的目的地是科菲尔得（线索4），她的船不可能下午2:00通过闸口去格林利（线索1），因此一定是在上午11:00通过的。维多利亚号是艘蒸汽式游艇（线索3），所以不是在早上8:00过闸口的，也不可能属于曼勒德的（线索4），所以运河小船受雇于利德·罗斯。已知利德·罗斯的目的地不是科菲尔得，也不是格林利，而是工作船，去的是肯思贺尔特（线索5）。所以，利德·罗斯去的是罗斯顿。综上，是工作船在下午5:00过闸口的，我们知道那不是维多利亚的，所以是曼勒德的。而维多利亚是在下午2:00通过闸口去格林利的。最后，珐尔·雷德坐的是一条可住宿的游艇。

答案：

珐尔·雷德，上午11:00，可住宿的游艇，科菲尔得。

曼勒德，下午5:00，工作船，肯思贺尔特。

利德·罗斯，早上8:00，运河小船，罗斯顿。

维多利亚，下午2:00，蒸汽式游艇，格林利。

104 完人之旅

《完人在开罗》一书有一个考古学家身份的罪犯（线索1），《完人在里斯本》主要讲的是伪造事件（线索4），《完人在纽约》里的犯罪是走私（线索4），所以，不是出现在《完人在迈阿密》一书的警察带领的拐骗团伙（线索4），一定是《完人在柏林》。团伙的头目因此是“修道士”（线索2）。旅馆经营者不是在《完人在迈阿密》或《完人在纽约》一书中（线索2），同时已知另两本书的罪犯已经确定，所以他是在《完人在里斯本》中出现的，他是个伪造者（线索4），我们知道他的代号不是“修道士”，而“王子”是个走私分子（线索1），“鼓手”是个慈善机构工作人员（线索3），“鲨鱼”是个敲诈勒索的家伙（线索3），所以伪造者的代号是“将军”。现在已知其中3本书对应的罪犯是谁。《完人在纽约》对应的不是政治家（线索1），所以政治家是在《完人在迈阿密》。而《完人在纽约》的罪犯是慈善机构工作人员，代号“鼓手”。因《完人在迈阿密》里的罪犯是个政治家，所以他参与的是武器或毒品走私（线索1），我们已知伪造者和拐骗者对应的人和书，所以政治家是勒索者，代号“鲨鱼”（线索3）。综上，在《完人在开罗》一书的考古学家一定是“王子”。最后，由线索3，《完人在纽约》的罪犯“鼓手”不是毒品走私者，他是武器走私者。而毒品走私者是《完人在开罗》中的罪犯。

答案：

《完人在柏林》，“修道士”，拐骗，警察。

《完人在开罗》，“王子”，毒品走私，考古学家。

《完人在里斯本》，“将军”，伪造，旅馆经营者。

《完人在迈阿密》，“鲨鱼”，勒索，政治家。

《完人在纽约》，“鼓手”，武器走私，慈善机构工作人员。

105 勋章

因为勋章C有一个绿色的绶带（线索1），根据线索4，所以铁拳团的铁制勋章不可能是勋章D。勋章A用的是银作材料（线索2），勋章D不是金制的（线索5），所以勋章D应该是青铜制的。根据线索5，勋章C是金制的。综上可得，铁拳团的铁制勋章应该是勋章B。因此，由线索4得出，悬挂蓝色绶带的勋章是勋章A。现在已知3个勋章的团名或绶带颜色，所以赖班恩王子勋爵士团的有着紫色绶带的是青铜制勋章D，因此，白色绶带的勋章是铁拳团的勋章B。最后，由线索5，不是伊斯特埃尔勋爵士团的、带绿色绶带的金制勋章C是圣爱克赞讷勋爵士团的。而伊斯特埃尔勋爵士团的是银制的蓝色绶带的勋章A。

答案：

勋章A，伊斯特埃尔勋爵士团，银，蓝色。

勋章B，铁拳勋爵士团，铁，白色。

勋章C，圣爱克赞讷勋爵士团，金，绿色。

勋章D，赖班恩王子勋爵士团，青铜，紫色。

106 战舰（十一）

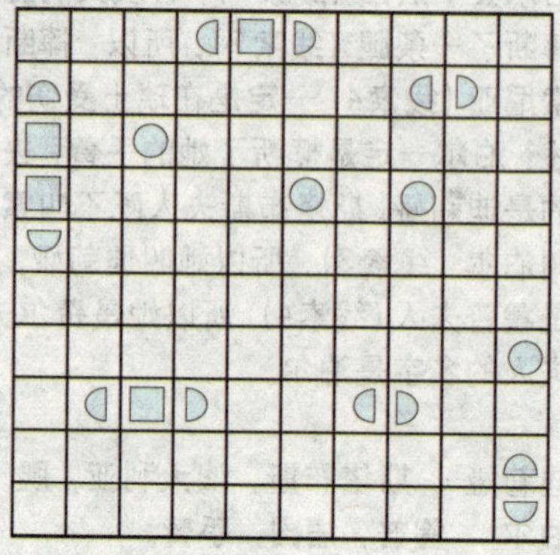

107 堆积（七）

从上到下依次是：C，E，B，A，F，D

108 四人骑自行车

戴夫在3号位置（线索5），詹妮不可能是在4号位置（线索1），又因为2号位置骑的人是“迈德·海特”（线索3），线索1排除了1号位置是詹妮的可能，所以，詹妮是在2号位置，扮成“迈德·海特”。根据线索1，在1号位置的戴夫扮演的是“托德先生”。现在，由线索2得出，诺德一定是在1号位置，剩下“贝格尔斯”，即贝尔（线索4），在4号位置。“诺德”不是基思扮演的（线索2），所以他一定是莫尼卡扮的，而基思姓贝尔，扮的是“贝格尔斯”。莫尼卡不姓斯普埃克斯（线索2），也不姓切诺（线索3），所以她姓福克斯。最后，根据线索3，切诺不是扮成“迈德·海特”的詹妮，所以他是戴夫。詹妮姓斯普埃克斯。

答案：

1号，莫尼卡·福克斯，“诺德”。

2号，詹妮· 斯普埃克斯，“迈德·海特”。

3号，戴夫· 切诺，“托德先生”。

4号，基思·贝尔，“贝格尔斯”。

109 过街女士

栗子大街上的学校是根据圣人命名的（线索6），但它不是圣·威妮弗蕾德小学，因为圣·

威妮弗蕾德小学的马路不是用树来命名的（线索1），所以栗子大街上的学校肯定是圣·彼得小学。卡尔女士在山楂树巷上协助孩子们过街（线索6），大不列颠路小学位于同名的大街上（线索2）。既然阿贝菲尔德小学的斯多普薇女士不是帮助学生经过风磨房大街（线索2），那么她一定在希尔大街上手持车辆暂停指示牌协助孩子过街，而且她已经工作5年了（线索4）。圣·威妮弗蕾德小学不在山楂树巷上（线索1），所以它必然在风磨房大街上，剩下卡尔女士协助西公园学校的小学生们经过山楂树巷，她已经工作3年了（线索4）。科洛斯薇尔女士已经工作2年了，她不在栗子大街或者风磨房大街上工作（线索3），所以她必然在大不列颠马路上工作。圣·威妮弗蕾德小学的“过街女士”做这份工作不是4年（线索1），所以必然是6年。栗子大街的圣·彼得小学的过街女士工作已经4年。在圣·威妮弗蕾德小学工作6年的“过街女士”不是夏普德女士（线索5），所以，她必然是虹尔特女士，剩下圣·彼得小学的过街女士是夏普德女士。

答案：

阿贝菲尔德小学，斯多普薇女士，希尔大街，5年。

大不列颠路小学，科洛斯薇尔女士，大不列颠马路，2年。

圣·彼得小学，夏普德女士，栗子大街，4年。

圣·威妮弗蕾德小学，虹尔特女士，风磨房大街，6年。

西公园小学，卡尔女士，山楂树巷，3年。

110 修理店的汽车

4号汽车是深蓝色的（线索4），灰色美洲豹不是1号汽车（线索1），它肯定是2号汽车或3号汽车，而且它肯定是丰田（线索3）。既然4号汽车不是流浪者（线索4），它肯定是宝马。4号汽车不归阿尔玛所有（线索3），同时阿尔玛的汽车也不可能是美洲豹或者丰田，因为这两辆车都在汽油泵旁边（线索3），所以她的汽车肯定是流浪者，同时肯定是1号汽车。从线索1中可以看出，灰色美洲豹是3号汽车，哈森的汽车是2号，而且必定是丰田，它不是绿色的（线索3），所以它肯定是浅蓝色的。剩下阿尔玛的流浪者牌是绿色的。最后，根据线索2中，蒂莫西的汽车肯定是灰色美洲豹，而深蓝色宝马必定是杰拉尔丁的汽车。

答案：

1号，阿尔玛，绿色流浪者。

2号，哈森，浅蓝色丰田。

3号，蒂莫西，灰色美洲豹。

4号，杰拉尔丁，深蓝色宝马。

111 阳光中的海岛

蓝色海湾镇拥有卡西诺赌场（线索4），巴瑞特一家人所住的小镇拥有宜人的海滩（线索2）。罗德斯一家人住在国王乡村中，但此处没有游艇港湾（线索1），所以它肯定是潜水中心。我们知道住在蓝色海湾镇上的家庭不是巴瑞特或者罗德斯一家，同时也不可能是沃德尔一家（线索4），所以它必定是莱斯特一家。因此，蓝色海湾镇位于B处（线索2）。D处小镇叫做白色沙滩（线索3）。在游艇港湾镇顺时针方向的下一站就是国王乡村镇（线索1），所以国王乡村镇不可能是C处小镇，它必然是A处小镇，剩下C处是纳尔逊镇。游艇港湾必定在白色沙滩镇上（线索1），所以，用排除法可知，必定是沃德尔一家人住在白色沙滩镇上。那么巴瑞特一家人肯定在纳尔逊镇上，那里有宜人的海滩。

答案：

A镇，国王乡村，罗德斯，潜水中心。

B镇，蓝色海湾，莱斯特，卡西诺赌场。

C镇，纳尔逊镇，巴瑞特，宜人海滩。

D镇，白色沙滩，沃德尔，游艇港湾。

112 倒霉的“郝斯彻斯”

弗瑞德·罗普被自行车压倒（线索4），西里尔·佩奇在4月份受伤（线索2），所以他们两个人都不是大堂经理，因为大堂经理是被狗咬了，而这件事发生在另一件意外之后（线索1）。艾里斯·韦尔斯是女服务员（线索6），而线索1告诉我们大堂经理不可能是高夫·狄尔，所以大堂经理是贝蒂·欧文。现在我们已知4月份意外事件的主角西里尔·佩奇不可能是大堂经理或女服务员，也不是出纳员（线索2）。而杂役是在5月份受伤的（线索4），所以西里尔·佩奇一定是位厨师。已知他没有被狗咬到，也不是被自行车压倒，更不是被客人击倒（线索3）；被一条鱼滑倒的事件是发生在7月份（线索5），所以在4月份，西里尔·佩奇不幸在地板上摔倒。现已知3个人的工作，所以不叫弗瑞德·罗普的杂役一定是高夫·狄尔。因此根据线索1，大堂经理贝蒂·欧文是在6月份被狗咬的。弗瑞德·罗普是个出纳员，因为他是被自行车压倒的，他不可能是在7月份受伤，所以他一定是在8月份发生意外事件的。女服务员艾里斯·韦尔斯是在7月份发生滑倒事件的，最后，杂役高夫·狄尔在5月份被客人袭击。

答案：

4月份，西里尔·佩奇，厨师，在地板上摔倒。

5月份，高夫·狄尔，清洁工，被客人击倒。

6月份，贝蒂·欧文，大堂经理，被狗咬到。

7月份，艾里斯·韦尔斯，女服务员，被鱼滑倒。

8月份，弗瑞德·罗普，出纳员，被自行车压倒。

113 21点牌戏

C3中的数字是2（线索3），数字1不可能在C行（线索7）。数字6不可能在A1中（线索1），所以C1不可能是3（线索5）。如果C1是5，那么B1中的数字是20（线索5），但这是不可能的（线索1）。因此，C1中的数字只可能是4。A1中的数字肯定是8，B1中的数字肯定是16（线索5）。数字20在第一行中（线索1），但是我们知道它不可能在A2中，也不可能在紧靠8右边的位置上，也不可能在A7上（线索1），同时它也不可能在A3中。A4中的数字比A3大2（线索1和2），18不可能在A3的方格中（线索7），所以20不可能在A4中（线索2）。线索2排除了20在方格A5中，所以，用排除法可知，20必定在A6中。7在方格A5中，6在方格A7中（线索1）。从线索2可知，方格A4是14，方格A3是12。我们知道数字2在C3中，而B3中的数字肯定是17（线索8），因此C6肯定是18，C2肯定是19（线索6）。那么B6就是数字1，B7就是数字13（线索7）。数字21和数字9分别是C4或者C5中的数字（线索9）。10不可能在C行或A行（线索4），所以只可能在B行中。既然B7是13，B4就不可能是10，所以10肯定在B2中，而15就在B5中（线索4）。从线索9看出，9肯定在C5中，所以21肯定在C4中。B4是个位数（线索9），它不可能是3（线索3），所以它只可能是5。既然第7列的3个数字之和大于25（线索8），数字3就不可能在方格C7中，所以它只可能在A2中，剩下C7中的数字是11。

答案：

8	3	12	14	7	20	6
16	10	17	5	15	1	13
4	19	2	21	9	18	11

114 遍地开花

家庭主妇的花展是蓝色（线索5），主要使用黄花的夏洛特不是牙科接待员（线索1），艾里斯是健康访问员（线索4），所以夏洛特一定是蔬菜水果商，因此她的展出不是在3号展厅（线索2）。线索1排除在1号展厅的可能，而展厅4是卢斯的（线索3），所以夏洛特设计的花展一定是在2号的北耳堂。因此根据线索1得出，牙科接待员最有可能是在1号展厅。所以她不可能是卢斯，已知她也不是夏洛特或艾里斯，她是米兰达。剩下卢斯是家庭主妇。综上可得，艾里斯设计了3号花展，即圣餐桌，它的基本颜色不是粉红色（线索4），所以一定是白色。最后粉红色花展是米兰达设计的。

答案：

1号展厅，米兰达，牙科接待员，粉红色。

2号展厅，夏洛特，蔬菜水果商，黄色。

3号展厅，艾里斯，健康访问员，白色。

4号展厅，卢斯，家庭主妇，蓝色。

115 开派对的动物们

《疯狂的东西》是凯特·布逊的成名作（线索4）。"上等软毛"没有唱过《她爱伊夫》或《我心永恒》（线索2），也没有唱《秘密进行》——这首田鼠弗农的最爱（线索5），所以它们唱的是《小兔子》。带橡子来的客人喜欢的是《我心永恒》（线索3），但这首歌不是凯特·布逊、"上等软毛"、"狐的音乐"——收集种子的客人的最爱（线索6）、或"树篱人生"（线索3）唱的，所以它是"白鼬布赖恩"唱的。而那位客人是老鼠莫里斯（线索4）。猫头鹰奥瑟带来的是坚果（线索6），没有带酸模叶和黑莓的野兔哈利（线索1）带的是种子。田鼠弗农喜爱的歌曲是《秘密进行》（线索5），野兔哈利最喜爱歌曲是《她爱伊夫》。综上可知田鼠弗农喜爱的是"树篱人生"的歌。因为带来黑莓的客人希望听到的歌不是由"上等软毛"带来的《小兔子》或着凯特·布逊的成名作（线索1），所以是"树篱人生"的歌，所以那位客人是田鼠弗农。"上等软毛"的歌迷带的不是酸模叶（线索2），所以歌迷是带来坚果的猫头鹰奥瑟。同时综上可得，提供酸模叶的是松鼠塞梅，她最爱的跳舞歌曲是凯特·布逊的《疯狂的东西》。

答案：

野兔哈利，种子，"狐的音乐"，《她爱伊夫》。

老鼠莫里斯，橡子，"白鼬布赖恩"，《我心永恒》。

猫头鹰奥瑟，坚果，"上等软毛"，《小兔子》。

松鼠塞梅，酸模叶，凯特·布逊，《疯狂的东西》。

田鼠弗农，黑莓，"树篱人生"，《秘密进行》。

116 博物馆的展品

B物是胸针，不是在1912年被赠出的（线索3），根据线索5，A物不可能是酒杯或在1912年被赠出之物，而这两者是邻排的。A物也不可能是剑（线索4），所以它是银匙。已知B物胸针、A物银匙都不是在1912年被赠出，酒杯也不是（线索5），所以赠出的是那把剑。它出产的时间不是10世纪（线索4）或9世纪（线索5），也不是12世纪（线索2），所以那把剑是出产于11世纪。因此，根据线索5可知，酒杯是10世纪的东西。已知它不是A物或B物，根据线索4得出也不是D物，所以是C。剩下D物是11世纪的那把剑。产于10世纪的酒杯赠送的时间不是1936年（线索1），不是1948年（线索2）或1912年（线索5），所以是1929年。银匙不是9世纪的东西（线索1），它是12世纪出产1948年赠出的（线索2）。最后，B物胸针一定是9世纪出产并在1936年赠出。

答案：

物品A，银匙，12世纪，1948年。

物品B，银胸针，9世纪，1936年。

物品C，银酒杯，10世纪，1929年。

物品D，银剑，11世纪，1912年。

117 笔名

贝克探长的创作者不是农场经营者斯图亚特·文恩，也不是酒店老板或咖啡店主（均由线索3得出）；警察所写的侦探是法罗斯探长（线索5），所以贝克探长一定是来自格温内思郡的（线索1）兽医笔下的英雄。那个兽医是个男的（线索3），但他不是埃德蒙·格林（线索1），我们知道也不是斯图亚特·文恩，所以他是内文·坡。思尔文探长的创作者不是酒店老板或咖啡店主（线索4），也不是警察（线索5），所以是农场经营者斯图亚特·文恩。余下的那个男酒店老板（线索1），因此叫埃德蒙·格林。住在苏塞克斯东部地区的人不是埃德蒙·格林（线索1），所以那个人是斯图亚特·文恩。创作出法罗斯探长的那个警察不住在什罗普郡（线索5），或者泰赛德地区——因为住在泰赛德地区的必定是咖啡店主或者酒店老板（线索6），所以一定是住在多塞特地区。朱丽叶·李尔写的侦探是撒切尔警官（线索4），同时，因为埃德蒙·格林是酒店老板，所以朱丽叶·李尔是咖啡店主。余下阿米莉娅·科尔一定是来自多塞特地区创作出法罗斯探长的那个警察。而酒店老板埃德蒙·格林笔下的侦探必定是奎恩探长。朱丽叶·李尔居住在英格兰的乡村地区（线索2），所以，家在泰赛德地区必定是埃德蒙·格林，而朱丽叶·李尔家必在什罗普郡。

答案：

阿米莉娅· 科尔，警察，多塞特地区，法罗斯探长。

埃德蒙·格林，酒店老板，泰赛德地区，奎恩探长。

朱丽叶·李尔，咖啡店主，什罗普郡，撒切尔警官。

内文· 坡，兽医，格温内思郡，贝克探长。

斯图亚特·文恩，农场经营者，苏塞克斯东部，思尔文探长。

118 寻找骨牌（七）

2	3	2	1	6	6	0	5
3	6	6	2	2	4	5	1
3	4	3	2	6	0	1	1
3	5	5	0	1	3	4	5
0	0	0	1	3	1	4	6
4	4	2	5	2	4	0	6
4	6	5	5	0	2	1	3

119 偶然所得

阿曼达发现的是20便士（线索2），根据线索1，韦斯利发现的一定是10便士，所以那个5便士的硬币一定是在公园被发现的。综上可知，它的发现者是约瑟夫。约瑟夫不是5岁（线索1），而6岁的小孩在人行道上发现一个硬币（线索3），所以约瑟夫是7岁。阿曼达不可能是在停车场发现那20便士的（线索2），所以她是在人行道上发现的，因此阿曼达6岁。剩下韦斯利是5岁，他是在停车场发现那10便士硬币的。

答案：

阿曼达，6岁，20便士，人行道。

约瑟夫，7岁，5便士，公园。

韦斯利，5岁，10便士，停车场。

120 知名人士的房子

洛娜·古德普兰斯在猜错7次后才被猜出（线索5），所以不是利维·韦尔斯或沃伦·埃斯赫姆（线索1），也不是米莉·奈尔（线索3），只猜错3次就被猜出的别墅主人（线索6）一定是科拉·帕利斯。沃伦和米莉都不是猜错4次后被猜出的，那是利维·韦尔斯。她不是住在公寓——公寓不是在猜错7次后确定的（线索2）。排屋主人是在猜错5次后被确定的（线索4），因此，公寓的主人是在猜错6次后确认的，根据线索2，前教区牧师住宅和他的家庭健身房（线索4）猜错7次后被猜出。综上可得，改装的大而空荡的房屋屋主是猜错4次后被认出的，即利维·韦尔斯。唱片收集不属于仅猜错3次就被猜出的人；根据线索3，米莉不是在猜错5次后认出的，所以是6次。而沃伦是猜错5次被认出的人。同样根据线索3得知，唱片收集这条线索是属于在大而空荡的房屋的利维。沃伦的泄密物件不是古董或纪念品（线索1），而是照片。住在公寓的米莉没有纪念品（线索1），她有的是古董。最后，纪念品是在科拉·帕利斯的乡村小别墅的泄密物件。

答案：

大而空荡的房屋，利维·韦尔斯，猜错4

次，收集的唱片。

乡村小别墅，科拉·帕利斯，猜错3次，纪念品。

公寓，米莉·奈尔，猜错6次，古董。

前教区牧师住宅，洛娜·古德普兰斯，猜错7次，家庭健身房。

排屋，沃伦·埃斯赫姆，猜错5次，图画。

121 时装表演

裤子是由丝绸制成的（线索3），罩衫不是毛线或丝绒制成的（线索2），也不是由米兰达展示的棉制品（线索2），所以它是由缎子制成的。丝绒制成的外衣是比尔·拉吉的创作品（线索3），但是它不是裤子或罩衫，也不是大衣，大衣是来自旺达·普莱斯的作品（线索4）或套装（线索3），所以它一定是塞布丽娜展示的那件礼服。吉娜展示的是奥拉·雷杰的作品（线索6），所以没有展示威尔·佛洛特或阿莱·莫德的作品的埃勒维兹（线索1），在舞台上穿的是代表旺达·普莱斯的大衣，并且综上可知，大衣的制作材料是毛线。同时也可得出米兰达展示的是那件套装。威尔·佛洛特的作品不是缎子制的礼服也不是裤子（线索1），所以是米兰达展示的套装。罩衫带的不是阿莱·莫德的标签（线索2），所以是由模特吉娜展示的奥拉·雷杰的作品。最后得出，阿莱·莫德的模特一定是扎拉，扎拉穿的是丝绸裤子。

答案：

埃勒维兹，旺达·普莱斯，大衣，毛线。

吉娜，奥拉·雷杰，罩衫，缎子。

米兰达，威尔·佛洛特，套装，棉布。

塞布丽娜，比尔·拉吉，礼服，丝绒。

扎拉，阿莱·莫德，裤子，丝绸。

122 “多产的果树林”

菲尔夫人的是39号病房（线索2）。唐纳斯夫人不是住在53号病房（线索3），所以她是住在47号病房，而克劳普先生因此住在53号病房。唐纳斯夫人有一个来自萨克森比家的人拜访（线索4），所以克劳普先生的拜访者来自26号（线索1），那位拜访者不可能是多赫尔蒂（线索3），所以是莱德雪姆。房子是65号的多赫尔蒂（线索3）拜访的是菲尔夫人。最后，81号的萨克森比拜访的是唐纳斯夫人。

答案：

克劳普先生，53号病房，莱德雪姆，26号。

唐纳斯夫人，47号病房，萨克森比，81号。

菲尔夫人，39号病房，多赫尔蒂，65号。

123 腼腆的获奖者

提艾泽尔得第3名（线索4），分到1号羊圈的克罗普（线索1）和普劳曼（线索3）都没有得到第1名。所以是海吉斯得第1名。现已知第1名的得主及另外两位农场主的编号，所以那个分到4号圈、得第2名的人（线索2），一定是普劳曼。综上，克罗普一定是第4名；根据线索3，在2号圈的是来自高原牧场的羊，而农场主是海吉斯这个比赛获胜者。所以不是布鲁克菲尔得牧场的农场主的普劳曼（线索2），他的农场是曼普格鲁牧场。而布鲁克菲尔的牧场是克罗普的。

答案：

圈栏1，克罗普，布鲁克菲尔得牧场，第4名。

圈栏2，海吉斯，高原牧场，第1名。

圈栏3，提艾泽尔，格兰其牧场，第3名。

圈栏4，普劳曼，曼普格鲁牧场，第2名。

124 迷宫

125 服务窗口

因为4号窗口的顾客在购买一本邮票集锦（线索4），3号窗口的顾客在办理公路收费执照（线索2）。路易斯在3号窗口工作（线索3），那么亨利就在1号窗口工作。艾莉斯在2号窗口前提取养老金（线索1）。用排除法可知，亨利必定在寄挂号信。所以，大卫必然在2号窗口工作（线索5）。在亚当的窗口前办理业务的不是亨利（线索2），所以迈根必然在1号窗口处工作，亚当在4号窗口处工作。从亚当那里购买邮票的不是玛格丽特（线索4），他是丹尼尔，剩下在路易斯的窗口前办理公路收费执照的是玛格丽特。

答案：

1号窗口，迈根，亨利，挂号信。

2号窗口，大卫，艾莉斯，养老金。

3号窗口，路易斯，玛格丽特，公路收费执照。

4号窗口，亚当，丹尼尔，邮票集锦。

126 演讲

卡普特·罗维尔是救援军队的代言人（线索4），而英国国教的代言人在星期三演讲（线索5），所以星期四的嘉宾维克·普里斯特利不是犹太人（线索3），也不属于罗马天主教（线索1），维克·普里斯特利必定是（基督教）循道公会派的牧师，他演讲的题目是《容忍》（线索2）。《分享》不是星期一、星期二和星期五的主题（线索1），所以它必定是星期三的主题，当时的嘉宾是英国国教的牧师。所以哈维·歌德曼是星期二的演讲者。我们知道罗马天主教牧师是在星期一演讲的（线索1）。所以用排除法可知，星期二的嘉宾哈维·歌德曼肯定是犹太人，而卡普特·罗维尔肯定是星期五的嘉宾。星期一罗马天主教牧师不是维尔·立夫维尔（线索6），他必定是彼特·圣塔利，他的主题是《深思熟虑》（线索6）。剩下维尔·立夫维尔是英国国教的牧师。最后，《睦邻友好》不是哈维·歌德曼的主题（线索2），它是卡普特·罗维尔的主题，剩下哈维·歌德曼的主题是《种族歧视》。

答案：

星期一，彼特·圣塔利，罗马天主教，《深思熟虑》。

星期二，哈维·歌德曼，犹太人，《种族歧视》。

星期三，维尔·立夫维尔，英国国教，《分享》。

星期四，维克·普里斯特利，循道公会派，《容忍》。

星期五，卡普特·罗维尔，救援军队，《睦邻友好》。

127 首姆斯和惠特森

首姆斯根据马蹄印侦破了“布林克斯顿扼杀案”（线索2），1900年首姆斯根据一颗纽扣侦破了一桩案件（线索5）。1901年首姆斯侦破“假冒的印度王公案件”的线索不是结婚证书（线索6），而根据线索1可知，1901年的案件不是根据洗衣房账单侦破的，也不是花费4天时间。所以用排除法得出1901年的案件是首姆斯根据车票侦破的。“王冠宝石案”不是根据洗衣房账单花费4天侦破的，因为此案费时3周才得到解决（线索3），而根据线索1，“幻影掷刀者案件”也不是根据洗衣房账单花费4天侦破的。用排除法可以得出，“波斯外交官案件”就是根据洗衣房账单花费4天侦破的案件。我们知道此案不是发生于1900年或者1901年，而1898年的案件费时6周才得到解决（线索7），同时也不可能是1899年（线索4），所以此案必然发生于1897年。从线索1可知，“幻影掷刀者案件”发生于1898年，花费了6周的调查时间。我们已经推断出与3个年份相匹配的关键线索，我们还知道“布林克斯顿扼杀案”的线索是马蹄印，所以“幻影掷刀者案件”的线索是结婚证书。现在，用排除法可知，“布林克斯顿扼杀案”必然发生在1899年，而那个用时3周的“王冠宝石案”必然发生于1900年，而且其线索是丢失的纽扣。“布林克斯顿扼杀案”

不是花费4周时间来侦破（线索2），所以它必然花费了8天时间，剩下“假冒的印度王公案件”花费了4周时间。

答案：

1897年，“波斯外交官案”，4天，洗衣房账单。

1898年，“幻影掷刀者案”，6周，结婚证书。

1899年，“布林克斯顿扼杀案”，8天，马蹄印。

1900年，“王冠宝石案”，3周，丢失的纽扣。

1901年，“假冒的印度王公案”，4周，车票。

128 运货车

亚瑟驾驶2号运货车，而汤米驾驶的不是1号运货车（线索1）。因为汤米在亚瑟之前驶离出口（线索1），所以他也不可能驾驶4号运货车，而4号运货车是沿着D号马路行驶的（线索4），所以汤米只可能驾驶3号运货车。驾驶2号货车的亚瑟不是从D号马路离开的，所以汤米不可能是第3个驾驶运货车离开的（线索1）。而第3个离开的运货车是沿着C号马路行驶的（线索2）。罗斯是第2个驾驶运货车离开的（线索3）。既然汤米不是第1个离开的（线索1），那他必定是第4个离开的。1号运货车的司机是第3个离开的，它在C号马路上行驶，所以他不可能是罗斯，只可能是盖瑞。剩下罗斯驾驶着4号运货车在D号马路上行驶。而驾驶2号运货车的亚瑟是第1个离开的。从线索1可知，亚瑟在B号马路上行驶，而汤米在A号马路上行驶。

答案：

1号运货车，盖瑞，马路C，第3。

2号运货车，亚瑟，马路B，第1。

3号运货车，汤米，马路A，第4。

4号运货车，罗斯，马路D，第2。

129 文学奖项

线索3指出两位女性评论家不可能坐在面对面的位置上，所以喜欢《木乃伊的诅咒》的肯定是一位男性评论家（线索1）。这位男性评论家不可能是科兰利·斯密斯特（线索1），所以他必然是德莫特·谷尔。两名男性评论家也不可能坐在面对面的位置上。喜欢《无血的屠宰场》的是一位女性评论家。喜欢《恶魔的野餐》的是一位男性评论家（线索3），此人就是斯密斯特，他坐在盖莉·普拉斯姆的对面（线索3），所以迪尔德丽·高尔就是那个喜欢《无血的屠宰场》的女性评论家。因此，顺时针的顺序就是：高尔（《无血的屠宰场》），斯密斯特（《恶魔的野餐》），谷尔（《木乃伊的诅咒》）和普拉斯姆（《太空的魔王》）。从线索4看出，普拉斯姆坐在D座上。高尔坐在A座上，斯密斯特坐在B座上，谷尔坐在C座上。

答案：

位置A，迪尔德丽·高尔，《无血的屠宰场》。

位置B，科兰利·斯密斯特，《恶魔的野餐》。

位置C，德莫特·谷尔，《木乃伊的诅咒》。

位置D，盖莉·普拉斯姆，《太空的魔王》。

130 战舰（十二）

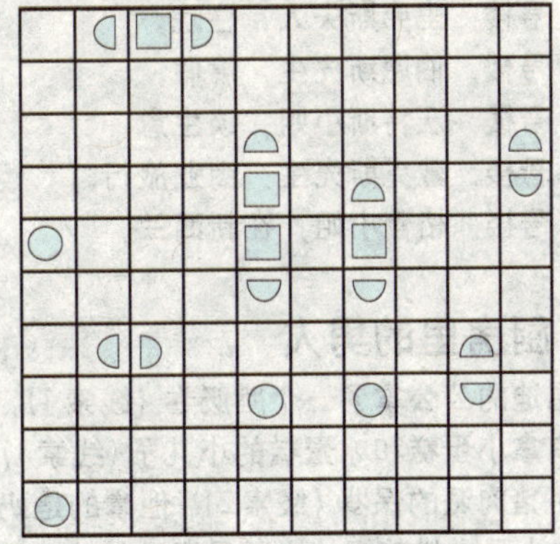

131 没人在家

因为6号楼是一位女士的（线索4），根据线索1，5号楼一定是一位男士，4号一定是位女士。所以剩下的两位男士一定是在1号和3号，最后那位女士则是住在2号。住在6号的女士不可能是里弗斯夫人（线索3）或沃特斯小姐（线索5），所以是格蕾小姐。现在在新西兰的那个人一定是位女士（线索3）。伯恩斯先生没有陪在女儿身边，也没去谈生意或进行商业旅行（线索6），所以他是在住院或度假，他不可能是住在1号的男士（线索2和线索3），他住在3号或5号。住在伯恩斯先生左边的女士（线索1）不可能是沃特斯小姐，因为她在去商业旅行的人的左边（线索5），去商业旅行的人不是伯恩斯先生（线索6），显然也不是格蕾小姐，所以是戴克斯，而这意味着伯恩斯先生是去度假了（线索3）。如果这两个人和格蕾小姐都住在楼上，那么沃特斯小姐和布洛克先生都只能住在楼下了，而这是不可能的（线索5）。所以，伯恩斯先生住在3号，里弗斯夫人住在2号；那个陪着女儿的男士（线索1）则是布洛克先生。因此，里弗斯夫人是在住院（线索2）。楼上的格局是：沃特斯小姐住在4号，戴克斯去商业旅行了，他住在5号，格蕾小姐住在6号，因为她不是去谈生意（线索6），所以她是去新西兰了。谈生意的是沃特斯小姐。

答案：

1号楼，布洛克先生，陪女儿。
2号楼，里弗斯夫人，住院。
3号楼，伯恩斯先生，度假。
4号楼，沃特斯小姐，谈生意。
5号楼，戴克斯先生，商业旅行。
6号楼，格蕾小姐，在新西兰。

132 厨房里的男人

温迪的公公拿了一个腊肠卷（线索4），所以没有拿小蛋糕和冰蛋糕的小儿子（线索3）不是拿了猪肉派的保罗（线索2），他拿的是奶酪卷。吃小蛋糕借煎锅的人不是温迪的丈夫（线索3），也不是温迪的大儿子，温迪的大儿子借的是一个碗（线索5），同时也不是温迪的公公或小儿子，所以他是温迪的小叔子佩里（线索6）。帕特里克借的是一只碟子（线索1），所以，没有借刀和叉的彼得（线索1）借的一定是碗，他是温迪的大儿子（线索5），综上得出，他拿的是冰蛋糕。同时也可得出，保罗是温迪的丈夫。借刀者不是温迪的公公，也不是温迪的小儿子（线索4），而是丈夫保罗。小儿子没有借勺子（线索3），他借的是碟子，小儿子叫帕特里克。最后，勺子是由菲利普借走的，温迪的公公和拿腊肠卷的人。

答案：

帕特里克，小儿子，碟子，奶酪卷。
保罗，丈夫，刀，猪肉派。
佩里，小叔子，煎锅，小蛋糕。
彼得，大儿子，碗，冰蛋糕。
菲利普，公公，勺子，腊肠卷。

133 聪明的女士

莉兹的题目是《下院女议员》（线索2），安德鲁斯小姐的是《肥皂剧》（线索3），《迪克·弗朗西斯》专家的姓氏以元音字母开头（线索6）。帕姆·德克斯特的题目不是《音乐厅》（线索5），也不是《有名的俄国人》（线索4），所以是《著名的歌剧》。《有名的俄国人》专家不是威尔科克斯夫人（线索1），又因为威尔科克斯夫人是其中一队的队长（线索1），所以她一定是坐在A1或B1位置（如图），所以不可能是欧尼尔夫人（线索7）；埃文斯夫人是图A3（线索4），综上所述，《有名的俄国人》是奥氏博尼女士的题目。她不坐在B1（线索8），而是坐在A1。现在根据线索1得出，威尔科克斯夫人一定是A2；芭芭拉是A3的埃文斯夫人。由线索4，奥氏博尼夫人的名字是卡罗琳，所以，结合线索3可知，安德鲁斯小姐，《肥皂剧》专家，一定是B1。已知莉兹这个《下院女议员》专家，不姓安德鲁斯、德克斯特、埃文斯或奥氏博尼；因为她是黑头发（线索2），她也不可能是A2的威尔科克斯夫人，所以莉兹姓欧尼尔。综上，姓氏以元音字母开头的"迪克·弗朗西斯"专家（线索6），是芭芭拉·埃文斯。剩下威尔科克斯夫人的题目是《音乐厅》。所以，根据线索5，帕姆·德克斯特不可能是B2，她是B3，而B2是莉兹·欧尼尔，《下院女议员》专家。由线索7得出，索菲一定是B1的安德鲁斯小姐，题目是《肥皂剧》。而A2威尔科克斯夫人必定是道恩。同时根据线索7得知，97队即是B队，是获胜的那队。

答案：

A组：河域女孩。

A1，卡罗琳·奥氏博尼，《有名的俄国人》。

A2，道恩·威尔科克斯，《音乐厅》。

A3，芭芭拉·埃文斯，《迪克·弗朗西斯》。

B组：97队（获胜者）

B1，索菲·安德鲁斯，《肥皂剧》。

B2，莉兹·欧尼尔，《下院女议员》。

B3，帕姆·德克斯特，《著名的歌剧》。

134 射球明星

最后进球的不是文斯（线索1），不是艾伦或格雷厄姆（线索2），也不是大卫（线索3），所以是保罗。E位置的不是文斯（线索1），不是格雷厄姆（线索2），不是保罗（线索5），也不是大卫（线索3），所以是艾伦。因为艾伦没有进第1个球（线索2），A位置的人没有进第1和第2个球（线索1）；线索1同时指出A不是9号。A也没有进第3个球（线索4）和最后一个球。因此A进的是第65分的球；艾伦是9号。B进的是第2个球，而A是7号（线索2）。因为保罗不是A（线索5），所以他不是7号，B不是8号（线索5）；因此B的号码是6，保罗的是3。因为已知最后一球不是在E位置的艾伦踢出的，8号不在D位置（线索1）。所以8号在C位置，D位置的是保罗，是进最后一个球的人。文斯是在B位置的人（线索1）。大卫不在A位置（线索3），所以是在C位置。而格雷厄姆在A位置。综上，大卫踢进的是第21分的球。

答案：

位置A，格雷厄姆，7号，第65分。

位置B，文斯，6号，第34分。

位置C，大卫，8号，第21分。

位置D，保罗，3号，第88分。

位置E，艾伦，9号，第47分。

135 ABC（七）

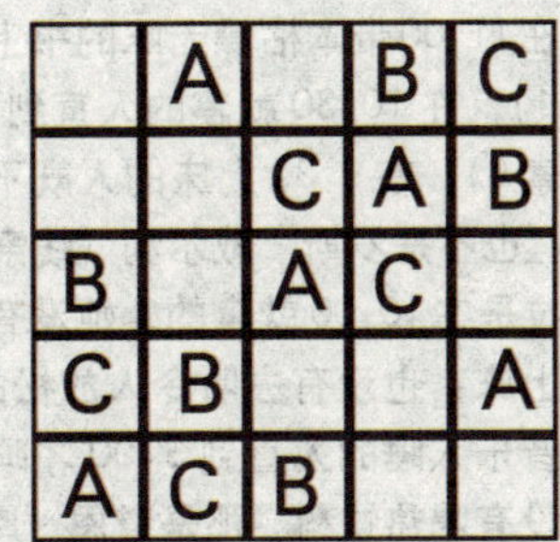

	A		B	C
		C	A	B
B		A	C	
C	B			A
A	C	B		

136 3个兄弟

琼是在圣约翰教堂结婚的（线索3），所以不在圣三教堂结婚的黛安娜（线索1）一定是在万圣教堂结婚的。因此，梅格的婚礼是在圣三教堂举行的。梅格的丈夫不是肖恩（线索4），也不是罗德尼（线索1），所以是威廉。因此她婚前是贝尔弗莱小姐（线索2）。黛安娜不是跟罗德尼结婚（线索1），她的丈夫是肖恩。罗德尼是跟琼结婚的，所以黛安娜不是希尔斯小姐，而是佩小姐。琼是原希尔斯小姐。

答案：

罗德尼，琼·希尔斯，圣约翰教堂。

肖恩，黛安娜·佩，万圣教堂。

威廉，梅格·贝尔弗莱，圣三教堂。

137 变化多端的题目

哈里特的评分是A^-（线索1），所以，海伦·罗伯茨不可能得A（线索2），她得的是B^+。而艾玛是A。布兰得弗德不是哈里特的姓（线索1），所以是艾玛的，因此哈里特姓埃文斯。哈里特的题目是《克伦威尔》（线索3），所以海伦没有选《内战》为题目（线索2），她研究的是《伦敦大火》，艾玛写的是有关内战的文章。

答案：

艾玛·布兰得弗德，内战，A。

哈里特·埃文斯，克伦威尔，A^-。

海伦·罗伯茨，伦敦大火，B^+。

138 失眠时刻

最后在1:30睡着的弗洛拉·佩斯，上床的时间比在11:00带本枯燥无味的书上床的人早（线索1），在10:30就寝的人直到1:00才睡着（线索6），在9:30上床的人既不是弗洛拉·佩斯，也不是罗斯·威尔利（线索2），所以，弗洛拉是在10:00就寝的。她没有带枯燥无味的书上床；也没有去听令人放松的音乐，因为，听音乐入睡的人直到3:00才睡着（线索5）；她没有喝热饮料，那是道恩·库明（线索4）；而使用草药枕头的既不是弗洛拉·佩斯，也不是罗斯·威尔利（线索2），所以她一定是用了数绵羊的方法。最后在3:00睡着的人不是在9:30上床的（线索2），所以一定是在11:30上床的，因此，希尔达·贝德弗吉是在10:30上床就寝的（线索3）并在1:00入睡（线索6）。同时综上所述，希尔达入睡的方法是使用草药枕头；道恩则是在9:30饮了杯热饮上床。现在根据线索3得出，罗斯·威尔利是在11:00上床的，克斯特·那埃特是1:30。因为道恩·库明最后比罗斯·威尔利早睡着（线索2），所以道恩是在2:00睡着的，而罗斯·威尔利靠着那本乏味的书在2:30睡着。

答案：

9:30，道恩·库明，热饮，2:00；

10:00，弗洛拉·佩斯，数绵羊，1:30；

10:30，希尔达·贝德弗吉，草药枕头，1:00；

11:00，罗斯·威尔利，枯燥无味的书，2:30；

11:30，克斯特·那埃特，放松的音乐，3:00。

139 生日快乐

6岁的那个孩子去了电影院（线索2），所以，根据线索4，去溜冰的韦恩·杨（线索5）不可能是5岁或9岁。卡林·罗克是8岁（线索5），所以韦恩·杨是7岁，因此他的派对是在“披萨殿堂”举办（线索3）。根据线索4得出，去马戏团和“躲藏者之屋”的孩子是8岁，所以是卡林·罗克。迪安·爱迪生的生日派对开在“科斯蒂的厨房”（线索7），所以没有在“夹饼世界”的赛弗罗·塔利（线索6）一定是在“麦克非森之家”，他不是9岁（线索6），也不是6岁（线索2），所以是5岁。他的活动不是去剧院（线索1），而是去游泳。综上所述，9岁的那个孩子去的是剧院，根据线索7，他是迪安·爱迪生。他的派对开在“科斯蒂的厨房”。而派对开在“麦克非森之家”的赛弗罗·塔利已经6岁了，他去的是电影院。

答案：

迪安·爱迪生，9岁，剧院，“科斯蒂的厨房”。

卡林·罗克，8岁，马戏团，“躲藏者之屋”。

马修·尼文恩，5岁，游泳馆，“夹饼世界”。

赛弗罗·塔利，6岁，电影院，“麦克非森之家”。

韦恩·杨，7岁，溜冰场，“披萨殿堂”。

140 岛屿的选择

鲍勃的第2个选择是马德拉岛（线索1），所以马德拉岛不可能是安吉首选的岛（线索3）。线索5结合线索3，排除了安吉把克利特岛或塞浦路斯岛排第1的可能性，同时没有人把罗底斯岛排第1（线索6），所以安吉的第1选择是马略卡岛，同时它也是鲍勃的第5个选择（线索3）。现在已知线索5中的岛排行不在第1、第2、第4，又因为克利特岛不在任何人的第3排名里（线索1），所以，安吉把克利特岛排在第4，而鲍勃的第4是塞浦路斯岛（线索5）。已知鲍勃不可能把罗底斯岛排第1位（线索6），同时我们已经知道了他的另外3个选择，所以他一定是把克利特岛排第1位，罗底斯岛是的3位。卡拉将罗底斯岛排在第2位（线索4）。由于鲍勃把马略卡岛排在最后一位，线索2排除了在安吉或卡拉的列表里塞浦路斯岛是第3位和马略卡岛是最后一位即第5位的可能性。所以，由线索2得出，唯一的可能是在卡拉的列表上，塞浦路斯岛排第1，马略卡岛第3。因此，根据线索1，卡拉把马德拉岛排第4，克利特岛排第5。因为马德拉岛和罗底斯岛分别被鲍勃和卡拉排在第2位，安吉不可能把两者之一排在第2位，所以安吉的第2选择是塞浦路斯岛。同样的，鲍勃把罗底斯岛排在了第3位，安吉就不可能排罗底斯岛在第3位，所以她把罗底斯岛排第5位，马德拉岛排第3位。

答案：

	安吉	鲍勃	卡拉
1	马略卡岛	克利特岛	塞浦路斯岛
2	塞浦路斯岛	马德拉岛	罗底斯岛
3	马德拉岛	罗底斯岛	马略卡岛
4	克利特岛	塞浦路斯岛	马德拉岛
5	罗底斯岛	马略卡岛	克利特岛

141 找出皇后

皇后不可能是1、4、7或9号牌（线索2）。因为中央的牌是红桃10（线索5），这又排除了皇后是2、5和6号牌的可能性，所以皇后是3号牌。因此，2号牌是"7"，6号牌是梅花（线索2）。再根据线索6，梅花5一定是1号牌。"8"紧靠在黑桃的下面（线索3），这排除了"8"是4或9号牌的可能性，因为已知3和5号牌是红桃，这又排除了"8"是6或8号牌的可能性。又已知"8"不可能是5号牌，所以"8"是7号牌；4号牌是张黑桃。9号牌是张方块（线索7），所以杰克不可能是8号牌，也不可能是6和9号牌（线索4），杰克是4号牌的黑桃，因此5号牌是红桃10（线索4），线索8揭示9号牌是的方块4，因此8号牌是国王。根据线索9，国王不可能是梅花，所以是黑桃（线索8）。同样根据线索8，3号牌是方块皇后。现在我们知道，线索1中，出现3次的牌的花色不可能是方块和黑桃，因为所有的牌是已知的。2号牌和7号牌有相同的花色（线索9），但是我们已知1号牌和6号牌是梅花，而这里不可能有相同花色的4张牌（线索1），所以2号牌和7号牌是红桃，红桃就是有相同花色的3张牌的花色。最后得出6号牌是梅花3。

答案：

1号牌，梅花5。

2号牌，红桃7。

3号牌，方块皇后。

4号牌，黑桃杰克。

5号牌，红桃10。

6号牌，梅花3。

7号牌，红桃8。

8号牌，黑桃国王。

9号牌，方块4。

142 路径逻辑（六）

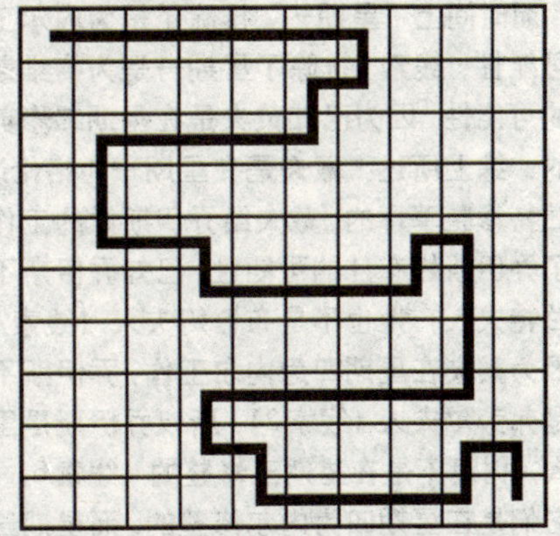

143 盾形徽章

徽章C是绿色的（线索4），徽章A不是蓝色的（线索1），也不是黄色的（线索2），所以徽章A是红色，因为徽章A的主人是莱弗赛奇领主（线索5），根据线索1，蓝色的徽章不是徽章B。综上所述，它是徽章D，剩下徽章B是黄色的那个。因此，根据线索2，鹰是莱弗赛奇领主的红色徽章上的图案。再根据线索2，徽章B属于伯特伦领主，莱可汉姆领主的有火鸡图案的徽章不是徽章D（线索1），所以它一定是徽章C。留下徽章D是曼伦德领主的。曼伦德领主徽章上的图案不是狮子（线索3），而是牡鹿，狮子是伯特伦领主黄色的徽章上的图案。

答案：

徽章A，莱弗赛奇领主，鹰，红色。

徽章B，伯特伦领主，狮子，黄色。

徽章C，莱可汉姆领主，火鸡，绿色。

徽章D，曼伦德领主，牡鹿，蓝色。

144 园丁的工作

戴夫在内尔家的园子干活是在星期四（线索3）。戴夫星期五的雇主不是梅维斯（线索1）、罗斯（线索2）或格伦达·普兰特（线索6），所以那天他是在为乔伊斯造假山（线索4）。他把星期二花在修剪树木上了（线索5）。戴夫星期一的工作不是帮布什夫人的花床除草（线索1），或修整树篱（线索6），而是修整草坪。那不是帮乔伊斯干的，也不是给罗斯做的（线索2）；而时间上“星期一”排除了是为内尔工作的可能性。线索1排除了星期一是为梅维斯干活的可能性。因为已知戴夫是在星期二修剪树木的，综上所述，戴夫是在星期一为格伦达·普兰特修整草坪的。戴夫给乔伊斯做的工作排除了乔伊斯姓布什的可能性。已知乔伊斯不是普兰特夫人，她也不是布鲁姆夫人（线索4），又因为戴夫在星期四为内尔工作，乔伊斯不可能是弗劳尔夫人（线索2），所以乔伊斯是里斐夫人。树篱不是在星期三修整的（线索6），所以它们是在星期四为内尔修整的。而星期三是戴夫为布什夫人的花床除草的日子。再根据线索1，戴夫是在星期二为梅维斯修剪树木的。剩下布什夫人的名字是罗斯，是戴夫星期三的雇主。而根据线索2，内尔是弗劳尔夫人，最后梅维斯是布鲁姆夫人。

答案：

星期一，格伦达·普兰特，修整草坪。

星期二，梅维斯·布鲁姆，修剪树木。

星期三，罗斯·布什，花床除草。

星期四，内尔·弗劳尔，修整树篱。

星期五，乔伊斯·里斐，造假山。

145 往日的成功之作

《说唱音乐》是1987年的成功之作（线索5）。1959年的成功之作排行No.3（线索4），不是《小心偷听》这首歌（线索1），也不是《我吹喇叭嘟嘟嘟》（线索6）或排行只达No.9的《跳舞者》（线索6），所以排行No.3的是《没有啤酒的酒吧》，是由“纤尘”组合演唱的（线索3）。“无法选择的威根”组合成名于1975年（线索2），所以丹尼斯·拉·赛尔排行No.6的成名之作（线索1）是在1985年发表的。因此《小心偷听》这首歌至少迟于1985年推出，由于不是1987年，所以是1990年。它所达名次不是No.4（线索2），所以应是No.7。“无法选择的威根”组合唱的歌排行不是No.4（线索2），也不是No.7，而是排行No.9，因此是《跳舞者》这首歌。综上所述，1985年的成名之作是《我吹喇叭嘟嘟嘟》。“比兹·尼兹”组合唱的歌排行不是No.4（线索2），所以是1990年排行No.7的成名之作。最后，“大小莫里斯”组合不是在1985年成名的（线索3），是1987年推出了《说唱音乐》，排行No.4。剩下丹尼斯·拉·赛尔于1985年唱了《我吹喇叭嘟嘟嘟》。

答案：

“比兹·尼兹”，《小心偷听》，1990年，No.7。

丹尼斯·拉·赛尔，《我吹喇叭嘟嘟嘟》，1985年，No.6。

“大小莫里斯”，《说唱音乐》，1987年，No.4。

“纤尘”，《没有啤酒的酒吧》，1959年，No.3。

“无法选择的威根”，《跳舞者》，1975年，No.9。

146 卢多

特里萨持有红色筹码（线索3）。掷出3点的雷切尔用的不是黄色的筹码（线索2），而持蓝色筹码者掷了个4点（线索5），所以雷切尔用的是绿色的筹码。使用蓝色筹码的不是安吉拉（线索5），所以是伊冯。安吉拉用的是黄色筹码。掷出4点的伊冯不可能坐在位置4（线索1），坐在位置2的玩家掷了6点（线索4），所以伊冯只能坐在位置1或3，线索6排除了在位置3的可能性，所以伊冯坐在位置1。现在我们知道掷出3点的雷切尔不在1或2号位置，线索1排除了3号位置的可能性，她坐在位置4，而用黄色筹码的安吉拉因此是在位置3（线索2)，余下特里萨是在位置2掷出6点的人。最后，掷1点的人是安吉拉。

答案：

1号，伊冯，蓝色，4点。

2号，特里萨，红色，6点。

3号，安吉拉，黄色，1点。

4号，雷切尔，绿色，3点。

147 宠物

萨姆不是阿尔萨斯犬（线索1），萨姆的主人是利德（线索1），它不是吉娃娃狗，那是克勒家的狗（线索3），而马克斯是约克夏小猎犬（线索6），综上所述，萨姆是拳师犬，它住在17号房子（线索2）。因此，根据线索1，阿尔萨斯犬应该住在19号房子，它的主人不叫肯内尔（线索5），也不可能是利德或克勒，所以是叫波尼。因此，马克斯是肯内尔家的。因为弗雷迪的家不是21号房子（线索4），它也不是阿尔萨斯犬，所以它是克勒家的吉娃娃狗。最后，阿尔萨斯犬名叫迪克，肯内尔家住在23号房子。

答案：

17号，利德家，拳师犬，萨姆。

19号，波尼家，阿尔萨斯犬，迪克。

21号，克勒家，吉娃娃狗，弗雷迪。

23号，肯内尔家，约克夏小猎犬，马克斯。

148 堆积（八）

从上到下依次是：D，E，A，F，C，B。

149 罗希的玫瑰花结

D玫瑰花结上的马不是“爵士”（线索1），不是“小鬼”（线索2）或“斯玛特”（线索3），是“花花公子”。罗希没有骑“花花公子”去切尔特娱乐中心（线索2），也不是骑着“爵士”（线索1）或“小鬼”（线索2），所以是斯玛特。因此，罗希在1998年骑的不可能是“斯玛特”（线索1），不是“爵士”（线索1）或“小鬼”（线索2），所以是“花花公子”，因此，C玫瑰花结上的是“爵士”（线索1）。在切尔特娱乐中心颁的玫瑰花结在“小鬼”赢的玫瑰花结右边（线索2），它不是A玫瑰花结，也不是“爵士”的C玫瑰花结，所以一定是B玫瑰花结，而“小鬼”是A玫瑰花结。A玫瑰花结不是在梅尔弗德公园（线索4）和斯特克农场（线索5）赢的，是在提伊山赢的。因为斯特克农场的玫瑰花结不是B，1996年的不是A（线索5），A也不是2001年的（线索4），A玫瑰花结是1999年的，因此，根据线索2得出，B玫瑰花结是2001年的。最后，1996年的是C，斯特克农场的玫瑰花结是D（线索5），剩下梅尔弗德公园的玫瑰花结是C。

答案：

玫瑰花结A，“小鬼”， 提伊山，1999年。

玫瑰花结B，“斯玛特”，切尔特娱乐中心，2001年。

玫瑰花结C，“爵士”， 梅尔弗德公园，1996年。

玫瑰花结D，“花花公子”， 斯特克农场，1998年。

150 来到船上

植物学家的名字不是艾皂斯或罗培尔（线索2）；伊克沧雷是保安人员（线索6）；植物学家也不可能是瓦勒姆，因为根据线索2，若植物学家是瓦勒姆，迈克·诺勃饰演的便是罗培尔，但罗培尔是盖尔·赫冈的角色（线索6），所以，植物学家名叫爱利安德，而迈克·诺勃的切斯安人角色（线索2）叫伊克沧雷，是保安人员。从线索3得出，航海家的名字比罗斯·斯班恩饰演的角色的名字长，所以，罗斯·斯班恩不可能饰演爱利安德，同时，因为已知爱利安德是植物学家，因此，罗斯·斯班恩也不可能演瓦勒姆；所以，罗斯·斯班恩演的赫斯克人（线索5）是艾皂斯。现在已知3个演员的角色；因为爱利安德是植物学家，所以由亚当·彼艾尔演的内科医生（线索5）一定是瓦勒姆。航海家不可能是艾皂斯（线索3），所以是由盖尔·赫冈演的罗培尔（线索6），综上所述，罗斯·斯班恩演的角色艾皂斯是个工程师，而维达·怀亚特演的是植物学家爱利安德。线索4告诉我们，那个厄来文人不是爱利安德或瓦勒姆，所以是盖尔·赫冈演的罗培尔。最后，那个堪兹克人的角色不是爱利安德（线索1），所以一定是亚当·彼艾尔演的内科医生瓦勒姆，剩下维达·怀亚特饰演来自李尔非星球的李尔非人。

答案：

亚当·彼艾尔，堪兹克人，内科医生，瓦勒姆。

盖尔·赫冈，厄来文人，航海家，罗培尔。

迈克·诺勃，切斯安人，保安人员，伊克沧雷。

罗斯·斯班恩，赫斯克人，工程师，艾皂斯。

维达·怀亚特，李尔非人，植物学家，爱利安德。

151 拳击比赛

重量级拳击手勒克·杰雷乔兹不是在8月份比赛的（线索1），皮埃尔·萨斯格德参加9月份的比赛（线索6）。因为迪安·克林瞿是威利10月份的比赛者（线索5），杰雷乔兹的比赛不可能在11月（线索1），12月份举行的是次重量级的拳击手比赛（线索2），所以，综上所述，勒克·杰雷乔兹是迪安·克林瞿10月份的比赛对手。所以根据线索1，绍恩·杰伯将在9月份与皮埃尔·萨斯格德比赛。已知，这不是次重量级或重量级的拳击手比赛，也不是次中量级的拳击手比赛（线索6）。威利的中量级拳击手是弗兰克·摩勒（线索4），所以，杰伯/萨斯格德的比赛是次轻量级的。根据线索3，利昂·堪维斯比可能签约8月或11月的比赛，同时我们已知9月和10月的比赛对手，所以，利昂·堪维斯是次重量级的拳击手，被安排在12月比赛。因此，再根据线索3得出，里基·思科莱普一定是威利11月份的比赛选手。弗兰克·摩勒的重量级别排除了他作为12月份比赛选手的可能性，所以他是在8月份比赛的。剩下艾伦·帕梅迩要在12月份面对利昂·堪维斯。最后，11月份的比赛是次中量级的。而线索4告诉我们弗兰克8月份的对手不是恰克·塔维尔，所以一定是詹森·索斯普，剩下恰克·塔维尔签约作为与里基·思科莱普在11月份比赛的对手。

答案：

8月，弗兰克·摩勒，中量级，詹森·索斯普。

9月，绍恩·杰伯，次轻量级，皮埃尔·萨斯格德。

10月，迪安·克林瞿，重量级，勒克·杰雷乔兹。

11月，里基·思科莱普，次中量级，恰克·塔维尔。

12月，艾伦·帕梅迩，次重量级，利昂·堪维斯。

152 加油

伯特使用的是5号泵（线索3），一位女士使用的是2号泵（线索5），所以彼得用的是3号或8号泵。因为报纸是在3号泵的开车人买的（线索4），线索1排除了彼得使用8号泵的可能性，所以彼得是买了报纸并在3号泵加油的人。同时根据线索1得出，买糖果的标致车的驾驶员用的是8号泵。在2号泵的女士没有买书（线索5），她买的是杂志，所以不是萨利（线索2），一定是尤妮斯。剩下萨利是开标致车的人，他买了糖果。综上所述，伯特买的是书。尤妮斯的车不是福特车（线索5），也不是沃克斯豪尔车（线索2）和标致车，所以它是丰田车。最后，根据线索5，开福特车的人不是买书的伯特，所以彼得的车是福特，伯特的车是沃克斯豪尔。

答案：

2号泵，尤妮斯，丰田，杂志。

3号泵，彼得，福特，报纸。

5号泵，伯特，沃克斯豪尔，书。

8号泵，萨利，标致，糖果。

153 发错的邮件

格雷尼的书不是被送到格拉斯哥（线索

1)、切姆斯弗德（线索2）或威根（线索4），所以是斯旺西。克罗瞿的书不是被送到切姆斯弗德（线索1）或格拉斯哥（线索3），所以是威根；因此，道森的书一定是《伊特鲁亚人》（线索4）。《斯多葛学派》的作者不是克罗瞿（线索3），没有被送到威根或格拉斯哥（3），根据线索1，也不是被送到斯旺西，所以它是被送到了切姆斯弗德。它原来的目的地不是卡莱尔或索尔兹伯里（线索1），它的作者也不是格雷尼。又因为已知格雷尼的书被送到了斯旺西（线索1），所以《斯多葛学派》一书的作者是比格汉姆，因此它的正确的目的地不是布莱顿（线索1），而是马特洛克。《布达佩斯的秋天》的正确的目的地不是布莱顿（线索1），也不是卡莱尔（线索3），而是索尔兹伯里。克拉伦斯没有把它送到斯旺西（线索1），所以它的作者不是格雷尼，而是克罗瞿，综上所述，克拉伦斯错误地把《伊特鲁亚人》一书送到了格拉斯哥。没有打算送到卡莱尔的道森的书原本应该送到布莱顿。《迈阿密上空的月亮》原来是要送到卡莱尔的。

答案：

《布达佩斯的秋天》，克罗瞿，索尔兹伯里，威根。

《迈阿密上空的月亮》，格雷尼，卡莱尔，斯旺西。

《伊特鲁亚人》，道森，布莱顿，格拉斯哥。

《斯多葛学派》，比格汉姆，马特洛克，切姆斯弗德。

154 快乐家庭

迪波拉姓维克斯（线索3），所以不是姓皮尔森的梅格（线索4），一定是贝尔夫人，余下朱蒂是皮尔森的夫人。梅格·贝尔有3个孩子（线索4），所以根据线索1，比尔和他的妻子有2个孩子。朱蒂不可能有4个孩子（线索2），同时已知她也不可能有3个孩子，所以朱蒂有2个孩子，因此她是比尔的妻子。剩下迪波拉有4个孩子，她的丈夫不是瑞克（线索3），而是艾伦。瑞克是贝尔先生，即梅格的丈夫。

答案：

艾伦和迪波拉，维克斯，4个孩子。

比尔和朱蒂，皮尔森，2个孩子。

瑞克和梅格，贝尔，3个孩子。

155 迟到

星期五艾丽丝预约出租车的时间不是下午2:40（线索4），也不是上午11:15（线索1），所以是上午9:20。她去看皮肤科医生是在星期四（线索2），又因为她去医院那天不是星期五（线索4），所以是在星期二去医院的。而星期五她是去中心公园，当时出租车迟到了5分钟（线索3）。迟到10分钟的那辆出租车不是在星期四预约的（线索2），所以是在星期二。星期四那天等出租车等了15分钟。艾丽丝为去医院预定了下午2:40的出租车（线索4）。所以是在上午11:15去皮肤科医生那里的。

答案：

星期二，下午2:40，10分钟，医院。

星期四，上午11:15，15分钟，皮肤科医生。

星期五，上午9:20，5分钟，中心公园。

156 糟糕的往日

卢多夫在1485年上台（线索3），抗税运动发生在查尔斯王统治之下（线索7）。被儿子在1532年篡位的国王（线索1）不可能是费迪南德（线索2），或在奇数年上台的艾伯特（线索4），所以一定是在1532年登基的迈克尔这个"坏家伙"（线索6）。因此，宗教战争发生在1501年上台的国王统治期间。那个国王被称为"愚不可及的人"（线索5）。费迪南德不可能是在1501年登基的（线索2），所以，综上所述，艾伯特是在1501年登基的，在历史上以"愚不可及的人"这一绰号闻名。现在我们已经将3个统治者和动乱配对。所以，没有激怒贵族造反的费迪南德（线索2），一定是农奴起义时的统治者。而卢多夫是那个经历贵族造反的国王。线索3告诉我们费迪南德不是那个在

1457年加冕的人。所以他是在1394年加冕的。查尔斯是那个在1457年加冕的统治者。由线索7得出，是被称为“荒唐的人”的卢多夫在1485年加冕。最后根据线索2，查尔斯是那个“自满的人”，而费迪南德绰号为“秃头”。

答案：

艾伯特，“愚不可及的人”，1501年，宗教战争。

查尔斯，“自满的人”，1457年，抗税运动。

费迪南德，“秃头”，1394年，农奴起义。

迈克尔，“坏家伙”，1532年，儿子篡位。

卢多夫，“荒唐的人”，1485年，贵族谋反。